# A FILOSOFIA DE
# LOST

SIMONE REGAZZONI

# A FILOSOFIA DE
# LOST

Tradução
Elena Gaidano

CIP-BRASIL. CATALOGAÇÃO-NA-FONTE
SINDICATO NACIONAL DOS EDITORES DE LIVROS, RJ.

R258f
Regazzoni, Simone, 1975-
A filosofia de Lost / Simone Regazzoni; tradução: Elena Gaidano.
– Rio de Janeiro : Best*Seller*, 2009.

Tradução de: La filosofia di Lost
ISBN 978-85-7684-404-4

1. Lost (Programa de televisão). 2. Filosofia. I. Título.

09-3339.
CDD: 791.4572
CDU: 654.19

Texto revisado segundo o novo Acordo Ortográfico da Língua Portuguesa.

TÍTULO ORIGINAL ITALIANO
La filosofia di Lost

Copyright © 2009 by Adriano Salani Editore S.p.A.
Copyright da tradução © 2009 by Editora Best Seller Ltda.

Capa: Igor Campos
Editoração eletrônica: ô de casa

Todos os direitos reservados. Proibida a reprodução,
no todo ou em parte, sem autorização prévia por escrito da editora,
sejam quais forem os meios empregados, com exceção das resenhas literárias, que
podem reproduzir algumas passagens do livro, desde que citada a fonte.

Direitos exclusivos de publicação em língua portuguesa para o Brasil
adquiridos pela
EDITORA BESTSELLER LTDA.
Rua Argentina 171, São Cristóvão
Rio de Janeiro, RJ – 20921-380
que se reserva a propriedade literária desta tradução.

Impresso no Brasil

ISBN 978-85-7684-404-4

PEDIDOS PELO REEMBOLSO POSTAL
Caixa Postal 23.052
Rio de Janeiro, RJ – 20922-970

*A Micaela, minha constante.*

A arca para no único ponto da Terra que não foi submerso, local circular e sagrado de onde o mundo recomeça. É uma ilha ou uma montanha, as duas coisas juntas, a ilha é uma montanha marinha, a montanha, uma ilha ainda não molhada. Eis a primeira criação apanhada numa re-criação, concentrada em uma terra santa no meio do oceano. Segunda origem do mundo, mais importante que a primeira, é a ilha santa [...] A ideia de uma segunda origem dá todo o seu sentido à ilha deserta, sobrevivência da ilha santa num mundo que demora a recomeçar.

G. Deleuze

É somente quando estamos perdidos [...], em outros termos, é somente quando perdemos o mundo que começamos a encontrar-nos, que compreendemos onde estamos e a extensão infinita das nossas relações.

H. D. Thoreau

# Agradecimentos

*Agradeço a:*
Anna Longo, que me disse: "Você tem de escrever sobre *Lost*."
E ela tinha razão.
Micaela, minha mulher, pelos meses passados juntos, assistindo (e reassistindo e reassistindo) a *Lost*.
Niki e Claudio Regazzoni, que viram e leram tudo.
Gaia De Pascale e Raffaello Bonuccelli (Bonus), pelas noitadas de *brain-pizza-storming*.
Gianna Ganduglia, que sempre me apoia.
Cristina Palomba, pelas sugestões, conselhos e confiança.
Mattia Regazzoni e Federica Brega, pelo apoio espiritual e "material".
Monica, Piero, Sante Scaranello e Enzo Paparella, pela amizade e hospitalidade em Modugno.
Mimma e Gianni Barletta, pela confiança e o indispensável apoio logístico.
Andrea Napello, que ama *Lost* e apoiou a ideia do livro.
Andrea Bajani, que não gosta de *Lost*, mas continua lendo minha obra.
Erika Tambrone, por suas teorias sobre *Lost*.
Oscar Ricci, pela quarta temporada antecipada.
Margherita Rubino e Luca Borzani, por apoio e pela confiança.
Craig Wright e Kiara Pipino, por nossas conversas genovesas.
Paola Fandella e Paolo Biscottini, pela amizade.

# Sumário

Premissa — 13
Prefácio *A obra de arte televisiva* — 17
1. Todos os homens são filósofos — 25
2. O que é uma ilha? — 31
3. O deserto e o sagrado — 39
4. Sobreviver — 41
5. Luto e gravidez — 45
6. A ilusão do mundo exterior — 49
7. Pontos de vista sobre o mundo perdido — 59
8. Tudo é relativo — 63
9. O enigma da verdade — 69
10. A sociedade invisível — 75
11. A tortura da verdade — 79
12. A verdade da tortura — 83
13. *Real life* — 89
14. *Superstites* — 97
15. O sentimento oceânico — 103
16. Comunidade — 111
17. A constante — 117

*Créditos finais*     123
Anotações     125
Episódios de *Lost*     145
Sites consultados     153
Bibliografia     155

# Premissa

É apenas uma questão de tempo. Acredite.

Depois, até mesmo os mais polêmicos, escandalizados e assustados não poderão deixar de reconhecê-lo.

Ainda que com uma demora digna de culpa.

A filosofia pode e deve ocupar-se de séries de tevê, da mesma forma que se ocupa de cinema e arte contemporânea. Em muitos casos, inclusive, seria melhor que ela se dedicasse à análise cuidadosa de *Lost, 24 Horas* ou *House*, em vez de perder tempo com a enésima e chatíssima provocação de algum artista.

Não tenho nada de pessoal, pode ter certeza, contra os cães infláveis de Jeff Koons ou os tubarões embalsamados de Damien Hirst, aos quais continuo preferindo o *Tubarão* de Spielberg. Porém, há outras formas de arte.

Para ter acesso a elas, basta abrir mão dos preconceitos de determinada filosofia da arte.

Desde já, eu gostaria de ser bem claro com você, já que lhe peço para ser minha\* cúmplice nesta viagem fi-

---

\* Sobre a opção do autor pelo uso do feminino, para se referir aos leitores, consulte o tópico "Você", em "Anotações", na página 125. (*N. do E.*)

losófica pela narrativa épica de *Lost*. Existem obras de arte visual contemporânea que escapam aos museus, galerias e vernissages e ocupam as telinhas: trata-se da nova onda das séries de tevê norte-americanas – uma interessantíssima forma de pop arte televisiva que possui o vigor da grande narrativa, como é o caso de *Lost*. Uma narrativa ao mesmo tempo experimental e popular, que se expande por diferentes suportes midiáticos. Uma narrativa *transmidial* que não deixa nada a desejar em relação às chamadas obras de "cultura erudita".

As séries de tevê foram descritas como agentes da "Nova Ordem Narrativa" (NON), que destrói os fundamentos do pensamento racional e ameaça transformar a realidade em ficção. Isso revela a limitação do talento dos críticos e a superioridade das séries norte-americanas. Como se a ficção já não habitasse a realidade e a racionalidade tivesse de temer a narrativa. No que diz respeito a *24 Horas*, chegou-se até a falar de "legitimação de atos anticonstitucionais ou, muito simplesmente, imorais". Como se a tarefa de uma obra de arte consistisse em encenar comportamentos conforme as leis e a moral.

Não há nada de novo. São antigos exorcismos de uma racionalidade cansada, que devem ser desbancados para começarmos a interrogar seriamente aquela que, com mais lucidez, foi definida como "a melhor tevê" das séries norte-americanas.

A filosofia tem uma tarefa: encontrar a coragem de ampliar os próprios pontos de vista para além dos estreitos limites do buraco da fechadura através do qual ela continua a espiar o *mysterium televisionis* – para então denegrir publicamente a tevê, entregue ao sentimento de culpa como "paradigma pornográfico".

Afinal, nunca é tarde para acertar as contas com a própria má consciência filosófica e renunciar a algum fetiche intelectual.

Claro, você sempre vai poder assistir a cenas tragicômicas em que o filósofo apocalíptico de plantão proclama, na tentativa de se dar importância e de angariar notoriedade: "Assistir ou não assistir a *Lost, 24 Horas, CSI* e outras?" Então, ele declara, contrito: "Eu confesso que acompanho algumas séries, [...] assim como David Hume jogava gamão, enquanto Ludwig Wittgenstein lia romances policiais." E, por fim, para expiar sua culpa, ele esbraveja violentamente contra os filósofos que ousam perverter a filosofia escrevendo, por exemplo, sobre *Lost* – e entrega-se ao que David Foster Wallace definia como "a pior espécie de paranoia antitevê [...], que consiste em tratar a televisão como uma corruptora diabólica".

Contudo, mesmo esses casos extremos de *kitsch* filosófico não fazem senão confirmar um fato: é apenas uma questão de tempo, acredite. E, também, de educação televisiva. Em vez de assinalar uma contratendência, esses casos são sintomas de resistência a um processo irreversível e contínuo de transformação da filosofia diante da televisão. O que é também, para todos os efeitos, uma democratização da filosofia. Uma nova relação inédita entre a filosofia científica e a filosofia "vulgar" ou popular, para usar as palavras de Antonio Gramsci.

E é disso, no fundo, que se tem realmente medo. De você e de novas formas, mais democráticas, dessa escrita entre as escritas, chamada *filosofia*, parafraseando o bom e velho Stanley Cavell.

Mas é apenas uma questão de tempo. Acredite.

"A verdadeira filosofia zomba da filosofia."

# Prefácio
## A obra de arte televisiva

"Os filmes estão entrando em sua terceira fase. Primeiro, houve o período do cinema mudo. Depois, a época dos filmes falados. Agora, estamos no limiar da era da televisão", escrevia Samuel Goldwyn em 1949. O limiar da era televisiva já foi transposto há tempo. Entramos num novo regime de visão dominado pela *individual media*, entre os quais a televisão ocupa uma posição dominante hoje.

É impossível pensar em recuar no tempo e, caso tenha transposto o limiar, se abandonar simplesmente à nostalgia do tempo perdido. Portanto, a filosofia deve começar a olhar para a telinha com extrema atenção. Para o que acontece nela e através dela: uma verdadeira revolução.

Não se trata somente da transformação radical e irreversível do cinema em obra da televisão. Mas também, e sobretudo, de uma nova produção de obras de arte fílmicas concebidas para a telinha: a nova onda das séries de tevê *made in USA*, obras de arte televisivas como *CSI, House, Six Feet Under, Sex and the City, Família Soprano, 24 Horas* e *Lost*.

A televisão não implica a morte do cinema. Pelo contrário, ela é sua reinvenção. "A televisão é inimiga dos valores cinematográficos clássicos, mas não do cinema", afirmou o grande Orson Welles – o experimentador radical, o talento versátil que deu voz a Robin Masters, o misterioso milionário da série de tevê *Magnum PI*.

As novas séries norte-americanas desenvolveram plenamente o potencial narrativo da tevê (novamente, foi Welles que disse que a televisão "é uma forma narrativa, a forma de expressão ideal para quem conta histórias"), produzindo, assim, uma verdadeira transvaloração dos valores clássicos do cinema.

Em outros termos: a reinvenção do cinema na telinha.

Dentre as obras de arte da nova onda "telecinematográfica" norte-americana, *Lost* ocupa, não apenas do ponto de vista filosófico, uma posição de destaque absoluto.

Recipiente em que a cultura pop e a cultura erudita são levadas ao ponto de fusão metafísica, *Lost* é, ao mesmo tempo, uma narrativa de desastre e ficção científica, Julio Verne e Stephen King, *Bíblia* e *Odisseia*, romance experimental e ensaio filosófico. É também um trabalho coletivo de escrita densa e poderosa, "fruto de um esforço comunitário" exaltado por uma direção de altíssimo nível.

"*Lost* é uma obra-prima. É uma reflexão sobre o Ocidente, em sua forma mais angustiada e irredutível", escreveu Aldo Grasso de modo irrepreensível. Trata-se de uma reflexão que não tem medo de levar a narrativa até o limite de ruptura: dilatando-a num ciclo de seis anos, desconstruindo sua linearidade temporal e expandindo-a para vários suportes.

O filósofo apocalíptico que espia pelo buraco da fechadura corre o risco de enfartar – por excesso de apreciação.

Não resta dúvida de que muitas das novas séries de tevê abordam temas filosoficamente relevantes. Contudo, nenhuma delas explicita seu próprio vínculo com a filosofia de maneira tão intensa e direta, quase provocativa, como *Lost*; e isso, tanto com a filosofia no sentido técnico quanto com a filosofia compreendida como visão do mundo que cada sujeito possui. Chega a tal ponto que seria possível chamar a série criada por J. J. Abrams e Damon Lindelof de drama filosófico.

A natureza filosófica de *Lost* não se esgota no jogo dos nomes de famosos filósofos atribuídos às personagens (John Locke, Jean-Jacques Rousseau, David Hume, Jeremy Bentham) ou no de algum filósofo explicitamente citado (Friedrich Nietzsche; cf. 1-19). Ela atravessa e permeia as diversas camadas de uma série concebida como uma escavação arqueológica, na qual cada temporada prossegue, mais a fundo.

Isso não significa que você poderá encontrar a chave para resolver o enigma de *Lost* na ilha de Atlântida, da qual Platão fala em *Timeu* e em *Crícia*, ou na *Nova Atlântida* de Francis Bacon – muito embora ninguém, nem mesmo você, possa excluir essas hipóteses ficcional-filosóficas diante de uma máquina de produzir interpretações e teorias como *Lost*. Antes, é preciso dizer que a filosofia opera no âmago mais obscuro de *Lost*, sob a forma de uma série de questões fundamentais: O que é uma ilha? O que significa sobreviver? O mundo exterior existe ou é mera ilusão? O que é a verdade? O que significa conviver? Qual é a relação entre ficção e vida real?

São questões fundamentais que o drama filosófico de *Lost* não expõe de modo intelectual ou abstrato. São, acima de tudo, questões que têm a forma e a força da narrativa transmidial e das suas personagens, e que vão emergindo passo a passo no decorrer da série através da relação entre os sobreviventes, do enigma da Ilha, das histórias dos próprios sobreviventes, da instabilidade de suas relações – e do desejo deles, e do seu, de saber, de descobrir, de encontrar.

A verdade, talvez.

Talvez, porque não se tem certeza de que haja uma verdade na Ilha e de que se possa alcançá-la.

A paradoxal fórmula lacaniana segundo a qual "digo sempre a verdade: não toda, porque dizê-la toda não se consegue" é a fórmula que melhor descreve o enigma de *Lost*. Um enigma que desafia o desejo de saber – que o move e que o põe em xeque. E se, como escrevia Martin Heidegger, "o enigmático estimula nossa capacidade de perguntar", *Lost* leva esse desafio ao ápice da própria ação de questionar.

*Lost* coloca em cena o enigma da verdade. Mostra todos os limites da ideia de verdade como adequação do pensamento e do discurso às coisas e, simultaneamente, resguarda contra os riscos inerentes ao desejo de verdade a todo custo.

*Lost* incita a pensar em outra ideia de verdade, além do que é simplesmente "correto", "justo" ou "adequado". É isso que ao mesmo tempo desconcerta e fascina na série.

Não se trata simplesmente de descobrir a verdade como meta e fim de uma trajetória. Mas de aprender a descobrir e pensar em outra ideia de verdade. Uma verdade que, ao se revelar, sempre deixa um fundo de ocultação e de mistério que você precisa aprender a considerar como tal.

É essa a provação à qual a Ilha – pensada como uma personagem da série e que pode ser compreendida também como outro nome de Deus: "Cada vez que Locke encontra Deus, diz 'Ilha'", afirmou Lindelof – submete protagonistas e telespectadores, e da qual você não pode se esquivar.

Porém, para suportar essa provação, você precisa aprender a vagar, a se perder na floresta, como Jack, Locke, Kate, Hurley, Sayid e Sawyer bem sabem. E como bem sabia Heidegger, que deu o título de *Sentieri erranti nella selva* (Caminhos errantes da selva) a uma famosa coletânea de ensaios de sua autoria.

*Lost* é o nome de uma verdade da qual, no fundo, não se pode apropriar-se e que resiste à vontade de saber. É por este motivo que não há, nem nunca haverá, uma interpretação correta e verdadeira de *Lost*, como bem sabem, em primeiro lugar, os próprios autores da série. "Durante um dos nossos primeiros encontros, Damon disse algo que, para mim, foi uma revelação: que não haverá uma única resposta no que diz respeito à Ilha", afirmou J. J. Abrams. Ou, então, nas palavras do produtor-executivo e roteirista de *Lost*, Carlton Cuse: "*Lost* é uma verdadeira experiência participativa, aberta à interpretação, e fornecer interpretações claras limitaria a habilidade do público de tirar as próprias conclusões e buscar a própria visão dos acontecimentos."

É essa a razão pela qual se pode escrever sobre *Lost*, embora a conclusão do percurso esteja distante. Mais do que a meta, o propósito ou o fim possíveis, o que é analisado aqui é a trajetória de uma narrativa que permanece estruturalmente aberta. Escrever sobre *Lost* enquanto a obra está em andamento não significa outra coisa senão tomar parte em sua narrativa transmidial disseminada em vários suportes diferentes. Significa realizar uma operação de *spin-off*.*

Durante uma entrevista, Lindelof declarou: "Há um final previsto, e se nós estivéssemos realmente em condições de concluir a série como gostaríamos, eu queria que ficassem sempre algumas perguntas por resolver, porque um dos aspectos que prende o público é o fato de que *Lost*

---

* Termo que designa uma produção de ficção que se origina a partir de outra. (*N. da E.*)

torna o espectador criativo." E mais: "Quando a série tiver terminado e, de acordo com nossa vontade, o público ainda poderá olhar para trás, ainda haverá espaço para interpretação, como em qualquer obra literária, seja ela de Shakespeare ou de Stephen King."

*Lost* é uma máquina transmidial que produz teorias e interpretações na forma de suplementos de escrita, e um desafio permanente de transgredir o que Umberto Eco definiu, numa polêmica com Jacques Derrida, como "os limites da interpretação".

Isso acontece porque *Lost* incita você à interpretação como produção de textos.

Recentemente, foi dito que o Coringa de *Batman, o Cavaleiro das Trevas*, reevoca a filosofia de Derrida: "Coringa é ao mesmo tempo Dadá e Derrida, o filósofo pós-estruturalista francês. Derrida, que se inspira em Nietzsche, Freud e Heidegger, afirma que a filosofia ocidental sempre buscou um Sentido último [...] Está tudo errado, não há sentido, vivemos numa aporia que não tem um Centro de Gravidade e conceitos como verdade, essência, presença e subjetividade do eu devem ser desmistificados. Contudo, essa aporia não é negativa, é 'a jovial afirmação do jogo do mundo e da inocência do devir'. Sem freio, jocoso, imoral, existente acima dos outros enquanto criador, em uma palavra, Coringa."

Oportuna ou não (na filosofia também, como em toda parte, a diferença entre bons e maus, entre nós e os Outros, é sempre uma questão de pontos de vista), essa leitura é verdadeira no que diz respeito à questão do sentido, quer seja de uma obra ou do mundo – ou, como no caso de *Lost*, de uma obra fílmica que é uma alegoria da condição do homem no mundo. Para Derrida, a presença do sentido, aquela que deveria pôr fim ao caminho da interpretação e da interrogação, é um mito, não existe: é por isso que a possibilidade de interpretação não tem fim.

É o que acontece com *Lost*: até as interpretações aparentemente mais improváveis e aberrantes atingem o alvo, à sua maneira, porque respondem a alguma situação da série, às chamadas ou às provocações da Ilha. São, de certa forma, um efeito de *Lost*, e neste aspecto, as interpretações são parecidas com determinados sonhos ou alucinações que a Ilha produz nas personagens.

Exatamente como Jack, Locke, Kate, Hurley, Sawyer e Sun, nós também somos interpelados pela Ilha e respondemos. Procedemos à decifração "fragmento por fragmento", para retomar a fórmula de Aldo Grasso.

Nessa perspectiva, o telespectador e as personagens encontram-se na mesma situação em relação à Ilha: elaboram hipóteses, decifram sinais, ouvem vozes, constroem interpretações, sonham.

# 1. Todos os homens são filósofos

"Locke, seu nome é Locke" (1-03). Com essas palavras, Michael apresenta ao grupo dos sobreviventes uma das personagens centrais da série. O líder espiritual. O homem símbolo do "sentimento oceânico", para utilizar a fórmula que Rolland emprega numa carta a Freud.

Você já o havia encontrado: sentado na praia, com as pernas cruzadas, acolhendo a chuva como uma bênção, enquanto os outros procuram abrigo. E também entalhando um apito para chamar cães e explicando a Walt o que é o jogo de gamão.

Contudo, apenas agora você assiste à sua verdadeira entrada em cena.

Extremamente hábil no manejo de facas de caça, capaz de matar a sangue frio e dono de uma fé inabalável na Ilha, o homem a quem o desastre aéreo do voo 815 restituiu o movimento das pernas, como por milagre, leva o nome do filósofo inglês John Locke, que viveu no século XVII e é considerado o pai do empirismo moderno. O que não é nem casual nem insignificante, exatamente como tudo o que acontece ou se encontra na Ilha. Especialmente se você considerar que, ao lado de Locke, encontraremos, no decorrer da série, uma mulher com o nome de "Rousseau" e um homem chamado "Hume", e que o próprio Locke, após deixar a Ilha, adotará o nome de "Jeremy Bentham" – todos nomes de filósofos.

O espectro da filosofia ronda a Ilha e apresenta-se sob a forma de nomes próprios. Essa é a primeira pista visível que trataremos de seguir com a bússola de uma pergunta shakespeariana: *O que há num nome?*

"Claro que a escolha dos nomes de algumas personagens, como Locke e Rousseau, não é acidental, e que o argumento central, o da contraposição entre fé e empirismo, é algo que nós, autores, discutimos longamente", afirmou Carlton Cuse. Embora o mérito de ter realizado o encontro entre tevê e história da filosofia caiba a Rossellini – com os filmes para televisão realizados no início da década de 1970 sobre Sócrates, Santo Agostinho, Blaise Pascal e René Descartes –, *Lost* é que detém o título de primeira série criada como "uma amálgama de diferentes teorias filosóficas" e no qual algumas personagens têm o nome de filósofos.

O que nos dizem, portanto, esses nomes?

Qual é sua importância filosófica?

Você poderia ser tentada a seguir a pista histórico-filosófica: tentar explicar, por exemplo, a personagem de Locke – suas ações, seu modo de pensar, seu comportamento – por meio do pensamento do homônimo filósofo inglês e das distinções elaboradas por ele acerca da relação entre fé e razão. Contudo, essa seria uma pista pouco interessante, pobre de imaginação e criatividade – e sem aquela força ficcional-filosófica que é característica de *Lost*. Em vez de conduzi-la por espaços inexplorados, ou ajudá-la a abrir novas clareiras, a bússola da história da filosofia correria o risco de fazer você andar em círculos, como acontece às vezes com os protagonistas da série. E não por acaso.

A história da filosofia, como sugere Deleuze, nunca foi outra coisa senão "uma formidável escola de intimidação que fabrica especialistas do pensamento". Uma escola da qual *Lost* zomba abertamente.

Então, o que fazer com esses nomes de filósofos?

Nada. Talvez você devesse realmente tentar não fazer nada de especial com esses nomes, resistindo à tentação pedante de procurar nexos e relações com os protagonistas da história da filosofia.

Digo isso porque não há nada de tão previsível e certo em *Lost*.

Por outro lado, ninguém na Ilha presta atenção ao fato de que os nomes de Hume, Locke e Rousseau sejam nomes de filósofos (embora, no caso de Boone, seja simultaneamente evocado o nome de Nietzsche, referindo-se precisamente ao filósofo alemão). É como se tudo fosse absolutamente normal. Essa normalidade singular que envolve as personagens com nomes de filósofos é o cerne da questão.

Tomemos como exemplo Locke, já que seu nome entra em cena de modo teatral, como se Michael estivesse dando uma de James Bond, quando diz: "Locke, seu nome é Locke."

O nome "John Locke", atribuído a um supervisor regional de uma empresa que produz caixas, não indica nada mais senão o fato de que *qualquer um* pode ter o nome de um filósofo. Isso porque toda mulher e todo homem — mesmo sem pertencer à categoria dos filósofos profissionais — são portadores de uma filosofia.

Em outros termos: porque cada ser humano vivo é, à sua maneira, um filósofo.

Essa é a função dos nomes de filósofos disseminados entre as personagens da série. Eles não indicam, simplesmente, que qualquer um *pode ser* filósofo. Mas que qualquer um, qualquer mulher e qualquer homem, *pode ter o nome de um filósofo* — exatamente como Hume, Locke e Rousseau –, porque todas as mulheres e todos os homens *são* portadores de uma filosofia e, portanto, *são* filósofos.

A singular normalidade em que os nomes de filósofos circulam pela Ilha indica, em primeiro lugar, que a filosofia não é privilégio dos filósofos profissionais, mas que ela começa com a própria existência. E é com essa filosofia que *Lost* se confronta.

É uma tese extrema? Talvez — pelo menos para quem está habituado a pensar que filosofia é sinônimo de academia ou de profissionais do pensamento. Não obstante, ela foi expressa com rigor absoluto por um dos grandes filósofos do século XX, sobre o qual é necessário voltar a refletir por meio de *Lost*.

Nos *Cadernos do cárcere*, Antonio Gramsci escreve: "É preciso destruir o preconceito muito difundido de que a filosofia é algo muito difícil, pelo fato de que ela é a atividade intelectual própria de determinada categoria de cientistas especialistas ou de filósofos profissionais e sistemáticos. Portanto, é preciso demonstrar, preliminarmente, que todos os homens são 'filósofos', definindo os limites e as particularidades dessa 'filosofia espontânea'."

Na Ilha de *Lost*, não há filósofos no sentido técnico e acadêmico do termo. Contudo, há filósofos no sentido lato, porque há sujeitos portadores daquilo que Gramsci chama de "filosofia espontânea".

Mas o que vem a ser essa filosofia espontânea?

Para Gramsci, é uma "visão do mundo", isto é, um modo de estruturar e dar forma àquilo que chamamos de *mundo*.

Cada sujeito, inclusive você, na medida em que possui uma linguagem, tem uma visão do mundo – e, portanto, uma filosofia própria que é a maneira pela qual vê o mundo e o concebe. "Inconscientemente, todos são filósofos, ainda que seja à sua maneira, porque até mesmo na mínima manifestação de qualquer atividade intelectual, na 'linguagem', está contida uma determinada concepção do mundo."

Mais precisamente, a filosofia que todos nós possuímos está contida, segundo Gramsci, na linguagem, no senso comum, no bom senso, na religião popular e em seu sistema de crenças.

A ideia de que cada sujeito tem uma visão própria do mundo está bem evidente em *Lost*, em que a trajetória de cada personagem é a história de uma visão de mundo que se confronta e se entrelaça com as outras.

*Lost* é uma polifonia de visões de mundo que giram em torno do enigma da verdade como enigma da Ilha.

## 2. O QUE É UMA ILHA?

Paris, 11 de dezembro de 2002. Durante a sessão inaugural de seu seminário dedicado à leitura de *Robinson Crusoé* e Martin Heidegger, Jacques Derrida pergunta:
"O que é uma ilha?"
Derrida nunca respondeu a esta pergunta. Limitou-se a dizer: "Não existe mundo, existem apenas ilhas." Como se um pensamento da ilha e uma interrogação sobre sua essência ("o que é uma ilha") nos levassem inevitavelmente a repensar o mundo, a colocar em discussão a ideia de que há um mundo lá fora: único, verdadeiro, estável, do qual temos experiência.
Parece incrível. Uma loucura teórica típica dos filósofos profissionais. Mas é justamente isso que Desmond David Hume diz ao término da segunda temporada da série, você se lembra? "O mundo exterior não existe", "Não há nada lá fora" (2-23). Mas ainda vamos chegar lá.
Por enquanto, vamos nos deter em nossa pergunta. "O que é uma ilha?"
Esta pergunta tem um aspecto banal, pois está distante das interrogações que afligem você: o que é o monstro de fumaça? Quem é Jacob? E a resposta não acrescentaria

nenhum elemento ao quebra-cabeça da Ilha deserta. Todos nós sabemos o que é uma ilha: uma terra circundada por água. Ou acreditamos saber.

Porém, em sua aparente insignificância, e inclusive na diferença entre saber e acreditar saber, trata-se de uma pergunta inevitável. Crucial. Isso porque ela se vincula de maneira essencial ao próprio enigma de *Lost*: o *que é*, ou, no limite, *quem é* a Ilha que leva o nome de "Herbert Jablonski"?*

Por outro lado, uma das primeiras perguntas que os sobreviventes se fazem ("Onde estamos?", 1-01) e que evoca a questão com que o filósofo e escritor americano Emerson abre seu ensaio *Experience* ("Onde nos encontramos?"), conduz justamente para a Ilha.

A questão da Ilha é a questão fundamental de *Lost*.

Nesse sentido, a própria escolha, insólita para uma série de tevê, de usar como set de filmagem a ilha de Oahu em vez de estúdios é significativa. A Ilha é concebida não como o simples espaço de ação das personagens, como o pano de fundo de natureza selvagem de suas histórias, mas como uma personagem em si: "A ideia assustadora é que a Ilha é, ela mesma, uma personagem da série e que ela está sempre à espreita", afirmou Dominic Monaghan, o ator que interpreta a estrela de rock Charlie Pace.

---

* Esse nome foi mencionado pelos produtores da série em entrevista. Essa informação nunca foi dada em nenhum episódio. (*N. da E.*)

E é isso que faz com que a Ilha possa também ser vista como uma metáfora de Deus – ou, mais radicalmente, como o próprio Deus, seguindo a ideia elaborada pela filosofia de Spinoza, de acordo com a qual Deus e a natureza se identificam, e cada coisa existente não é senão um *modo*, uma manifestação de Deus. A esse respeito, Lindelof afirmou: "A cada vez que Locke encontra Deus, ele diz, em vez disto, 'A Ilha'. Assim, quando ele diz, dando socos contra a porta da escotilha – 'por que você me fez isto?', ele está dizendo à Ilha e não a Deus [...] Ele não acredita que Deus o tenha curado, acredita que tenha sido a Ilha, mas a Ilha torna-se uma metáfora de Deus, ela tem os mesmos poderes que Deus. Como você sabe, na Bíblia, Deus envia visões, instruções e sonhos proféticos; todas essas coisas que estão associadas ao Antigo e ao Novo Testamento são poderes que a Ilha possui."

Somente no fim é que vamos descobrir o que ou quem é a Ilha, na verdade.

Trata-se de um espaço parecido com *O mundo perdido* de Jurassic Park ou com a ilha encantada de Próspero. Uma nova Atlântida. Um artefato tecnológico de origem humana ou extraterrestre. O terreno para um insólito jogo de papéis. Um *Valis* (acrônimo para *Vaste Active Living Intelligent System* – Vasto Sistema de Inteligência Viva e Ativa), como o que foi criado por Philip Dick no livro *Valis*. Uma forma extremamente singular de ser vivo, parecido com a ilha de Krakoa, que aparece pela primeira vez no universo Marvel em *Giant-Size X-Men #1*.

Ou, talvez, a Ilha seja tudo isso ao mesmo tempo.

Para usarmos a expressão de Lindelof: "A Ilha tem um passado e, para entendê-lo, é preciso ir até o fim, exatamente como numa escavação arqueológica. No fim, vocês vão descobrir as verdadeiras origens da Ilha." Porém, isso não impede você de se perguntar sobre a essência da Ilha. Porque é assim que ela se apresenta para você desde o início. Como uma ilha *deserta* (logo vou dizer a você em que sentido estou usando esse adjetivo). E é assim que ela se apresenta e é experimentada por aqueles que a habitam. Independentemente do que seja esse lugar não localizável no qual vivem os sobreviventes e os Outros, ele será, de qualquer maneira, uma ilha – por ser tão insólito, desconcertante e anormal.

A Ilha de *Lost* toma forma com base na ideia de ilha.

A rigor, portanto, mesmo que você soubesse o que é, de verdade, a Ilha de *Lost*, ainda não saberia nada a respeito de sua essência, caso você não soubesse o que é uma ilha.

É impossível pensar a enigmática verdade de *Lost* sem pensar na essência da ilha.

E isso, se você refletir, vale para todas as perguntas que giram em torno de *Lost*. E é essa a sua força, é isso que torna a série extraordinária – e extraordinariamente interessante para a filosofia.

É como se cada pergunta feita dentro da órbita de *Lost* fosse dupla. Como se trouxesse consigo o enigma de uma questão filosófica mais essencial, que vai além das respostas que a própria série fornecerá: respostas suficientes para satisfazer sua curiosidade, mas não para esgotar o que você quer saber de verdade.

Nesse sentido, *Lost* é um drama filosófico, e não um simples quebra-cabeça. Por vontade explícita de seus criadores? Pelo fato, por exemplo, de que Craig Wright, autor dos episódios *Orientation* (2-03) e *What Kate did* (2-09), leu Nietzsche e Derrida? Não é esta a questão. A narrativa de *Lost*, como toda grande narrativa, diz e pensa coisas que seus autores sequer desconfiam.

Vou começar, portanto, desse ponto.

Não de uma definição da palavra "ilha", mas de um breve e lindíssimo texto de Gilles Deleuze, escrito para um número da revista *Nouveau Fémina* dedicado às ilhas desertas: "Causas e razões das ilhas desertas". Trata-se de um texto que, pessoalmente, gosto de ler como se fosse uma representação relativa a uma foto dos anos 1970, na qual Deleuze está sentado, sozinho, em frente ao mar. Estamos na Califórnia, na praia de Big Sur. Mas você pode facilmente imaginar – como uma colagem ou uma fotomontagem filosófica – que se trata da Ilha de *Lost*.

Não fique muito surpresa com minhas palavras. O autor precisa de suas visões. Você se lembra daquele magnífico livro sobre Beckett, de Didier Anzieu? "O autor [...] teve visões e, depois, ouviu vozes."

Todas as citações que você encontra neste livro são vozes, você as imagina como visões.

É aqui, entre vozes e visões, que se traça um caminho capaz de penetrar o enigma de *Lost* – essa Ilha-personagem, animada por uma vida profunda capaz de se deslocar e de fazer se deslocar no tempo.

Sim, talvez você tenha razão: essa é *ficção filosófica*. Mas é justamente por isso que a filosofia de *Lost* é interessante. Porque ela faz a filosofia andar sem rumo, até se contaminar com aquele gênero de escrita denominado ficção científica. Por outro lado, não foi justamente Deleuze quem disse que um livro de filosofia deve ser "uma espécie de ficção científica"?

Agora, vamos à ilha. Tudo se desenrola em torno de um movimento duplo, quase inaparente, mas poderosíssimo: *separação* e *origem*.

Separação do continente, para as ilhas continentais. Origem no fundo do mar, para as ilhas oceânicas. "As ilhas continentais", escreve Deleuze, "são ilhas acidentais, derivadas: estão separadas de um continente; nascidas de uma desarticulação, de uma erosão, de uma fratura, sobrevivem ao abismamento daquilo que as retinha. As ilhas oceânicas são ilhas originárias, essenciais: [...] algumas emergem lentamente, outras, por sua vez, desaparecem e depois reaparecem."

Exatamente como acontece com a ilha de Atlântida descrita por Platão em *Timeu*: "E ela desapareceu, tragada repentinamente pelo mar, transformada em mar." E é justamente o que ocorre, no último episódio da quarta temporada, à Ilha de *Lost*, que, de repente, some: "Desapareceu", diz Hurley (4-14).

É isto que você deve guardar bem: o desaparecer é parte constitutiva das ilhas tanto quanto seu aparecer faz parte de sua natureza instável, como bem observa Jean-Luc Nancy: "De vez em quando [...] outra espécie de onda imobiliza-se na superfície, e é uma ilha que brotou de outro soerguimento, de outra corrugação das profundezas. [...] De vez em quando, da mesma maneira, uma ilha desaparece sob o mar, reabsorvida por outro movimento do fundo."

Mas, isso não é tudo.

O duplo movimento que anima as ilhas não permanece fechado em si – fossilizado nas profundezas das ilhas, fixado numa forma estável que podemos nos limitar a contemplar. Ele excede os limites do próprio objeto, envolve e contamina também os sujeitos que se relacionam com as ilhas. De que maneira? Na forma de uma *separação do mundo* e de um *novo começo*.

Não é possível estabelecer relação com uma ilha sem entrar em contato com este duplo movimento. Favorecendo-o, adequando-se a ele ou resistindo a ele. "O ímpeto que empurra os homens em direção às ilhas reproduz o duplo movimento que gera as próprias ilhas. Sonhar com as ilhas, de forma angustiada ou alegre, significa sonhar em se separar, em já estarmos separados, longe dos continentes, de estarmos sozinhos e *per-*

*didos* – ou seja, significa sonhar em recomeçar do zero, recriar, recomeçar", explicita Deleuze.

Separação do mundo, perda e nova origem do mundo: essa é a ilha, entre imaginação e geografia, entre ficção e filosofia.

*Lost* é o drama filosófico desses dois movimentos que animam a Ilha deserta, com os quais os sobreviventes terão de prestar contas, cada um à sua maneira. Prestarão contas, portanto, com outra origem do mundo – para além do fim.

Mas chegaremos lá.

Antes, porém, precisamos atravessar o deserto.

## 3. O DESERTO E O SAGRADO

Pense bem: a ilha é um mundo no qual o mundo *não existe* mais.

Está longe, distante, separado. Perdido.

A experiência da Ilha de *Lost* é, portanto, também a experiência da perda do mundo. No limiar do fim do mundo, do apocalipse.

Assim, Desmond, no fim da segunda temporada da série, pôde dizer: "Não há mais nada. Isso é tudo que restou. Esse mar e este lugar aqui. Estamos presos num raio de um globo de cristal. Não existe mundo lá fora. Não há saída" (2-23).

Por isso a experiência da Ilha de *Lost* é a experiência de uma ilha *deserta* – muito embora a Ilha esteja habitada e seja rica em flora e fauna. Efetivamente, como Deleuze nos lembra, por ser inabitada, a ilha deserta não o é, mas porque cria o deserto à sua volta, coloca entre si e o mundo o deserto de um oceano.

Desse ponto de vista, a Ilha é absolutamente deserta. Isso, porque ela pôs entre si e o mundo um deserto que somente poucos são capazes de atravessar. A figura do deserto, por outro lado, está diretamente relacionada à Ilha de *Lost*. Não é que Benjamin Linus, depois de ter deslocado a Ilha, se encontra no meio do deserto? E os restos de um urso polar que, provavelmente, fora usado para deslocar a Ilha, não são achados no deserto? Deixemos Deleuze falar: "Tudo ocorre como se ela tivesse colocado o deserto ao seu redor, do lado de fora de si. O deserto é o oceano que está à sua volta […] ela é mais deserta do que um deserto. Muito embora em seu interior ela possa conter os recursos mais abundantes, a fauna mais rica, a flora mais colorida, os alimentos mais surpreendentes, os selvagens mais vivazes e o náufrago como seu fruto mais precioso e, por fim, por um instante, o navio que virá para buscá-lo, a despeito disso tudo, ela, ainda assim, é uma ilha deserta."

Ilha deserta. E que permanece deserta – ou, melhor, fundamentada na plenitude de ser ilha deserta – na medida em que o sujeito retoma o duplo movimento que produziu a ilha. "O homem, em determinadas condições que o reúnem ao próprio movimento das coisas, não interrompe o deserto, sacraliza-o."

John Locke é quem melhor encarna o sujeito que se esforça para *sacralizar* o deserto da Ilha, conformando-se com o duplo movimento da própria Ilha.

Aqui, *sacralizar* não significa nada senão "proteger a separação". John Locke sacraliza o deserto na medida em que quer proteger a separação radical entre a Ilha e o mundo. Em outros termos, o fato de ela ser *sacra*. Pense no significado da expressão latina *sacer*, de onde deriva nosso "sacro". *Sacer* indica separação, distinção, a realidade que escapa a qualquer comparação.

Contudo, Locke não é o único a entrar em contato com o duplo movimento da Ilha deserta.

## 4. Sobreviver

Em um dos primeiros episódios, intitulado significativamente "*Tabula Rasa*", Jack, respondendo a Kate, que quer lhe contar o que fez antes do desastre aéreo, diz que não importa mais o que eles eram nem o que fizeram. E explicita: "Todos nós morremos há três dias. Precisamos recomeçar" (1-03).
Você ainda está viva, na ilha.
Sobreviveu à catástrofe e à destruição. Mas, distante do mundo, absolutamente separada – é como se você simplesmente não estivesse mais no mundo. Nesse estar isolado do mundo, separada, você sente que há um afastamento da realidade e da vida, que já é um passo em direção à morte.
Não é por acaso que se pensou, durante certo tempo, que os sobreviventes do voo 815 da Oceanic Airlines, na verdade, pudessem estar todos mortos, e que a Ilha não fosse outra coisa senão uma espécie de Purgatório, já que, como afirma Alessandro Zaccuri, a Ilha de *Lost* "lembra em muitos aspectos as descrições medievais do Purgatório e também as de Dante na *Divina comédia*".
Não tem muita importância que a hipótese se revele, no fim, verdadeira ou falsa. O que conta aqui, é que o espectro da morte, e de uma vida além da vida, ronda a Ilha ("Te vejo

em outra vida", diz Desmond a Jack quando os dois se encontraram antes de irem parar na Ilha, 2-01), evocado justamente pelo duplo movimento da Ilha que as palavras de Jack sintetizam à perfeição: desprendimento absoluto ("estamos todos mortos") e novo começo ("precisamos recomeçar").

Trata-se de um fantasma que ronda também em outra parte, já que falamos de ilhas. Na Sala dos Cavalos do Palácio Ducal de Mantova, há um afresco do século XVI (*Vista com labirinto de água*) que representa uma ilha circundada por um labirinto construído sobre o mar.

Não se sabe o que é ou o que representa essa ilha. Segundo Jacques Brunschwig, ela representa a Atlântida, enquanto outros defendem que se trata do Purgatório.

A ideia expressa por Jack, por outro lado, encontra seu objetivo correlato nos (presumidos) destroços do Oceanic 815, encontrados pelo navio *Cristiane I*, dois meses depois do acidente, na fossa oceânica de Sunda, junto com os corpos sem vida dos (presumidos) passageiros. Para o restante do mundo, os sobreviventes já estão mortos.

Parafraseando a expressão que Lacan usa para Antígona, seria possível dizer que, sem ainda ter morrido, os sobreviventes já estão apagados do mundo dos vivos. Portanto, em certo sentido, eles sobreviveram à própria morte.

É o que aflora também do diálogo entre Sawyer e Anthony Cooper, o pai de Locke. Aqui, também, o além é evocado. Porém, já não se trata mais do Purgatório; dessa vez, é mesmo o Inferno:

> COOPER: Você tem certeza de que é uma ilha?
> SAWYER: E o que mais poderia ser?
> COOPER: Quente demais para ser o Paraíso...
> SAWYER: Ah, ok, estamos mortos?
> COOPER: Encontraram o avião de vocês no fundo do oceano. Eu bato com o carro e, um instante depois, encontro-me sobre um navio pirata no meio da selva; se isso não é o Inferno, então o que é? (3-19).

Ora, a Ilha deserta, ao mesmo tempo, fascina e assusta, porque não trata apenas de perda e morte, mas também carrega em si o segredo de uma recriação, de um novo nascimento por meio da morte, do qual a catástrofe do voo 815 é a confirmação: "Não há um segundo nascimento porque houve uma catástrofe; no máximo, ocorre o contrário: uma catástrofe sucede à origem, já que deve haver, depois da origem, um segundo nascimento", diz Deleuze ainda.

A Ilha de *Lost* está pronta para fazer o mundo renascer.

Não é por acaso que Alvar Hanso, o fundador da Hanso Foundation e da Iniciativa Dharma, declarou em seu site: "O trabalho desenvolvido pela Hanso Foundation sempre teve a intenção de levar o renascimento a uma terra que estava morrendo e às pessoas que estavam morrendo."

A questão do renascimento é essencialmente ligada à Ilha. Medir-se com a Ilha significa confrontar-se com o enigma desse "segundo nascimento", para utilizar as palavras de Deleuze, ou dessa "nova vida", para usar as de Locke, indissoluvelmente entrelaçada com a catástrofe da morte que cai sobre o mundo.

No episódio da primeira temporada intitulado "... In Translation", Locke diz, conversando com Shannon: "Todos têm uma nova vida nesta Ilha. Talvez você esteja iniciando a sua agora" (1-17). E é isso que Shannon vai dizer a Sayid: "Todos têm uma nova vida na ilha; quero começar uma também" (1-17).

Esse é o sentido profundo da experiência daquilo que se chama *sobrevivência*.

A Ilha é o local da sobrevivência por excelência. Mas, como Locke lembra a Jack, "sobreviver é apenas um conceito relativo" (1-25).

O local da sobrevivência não é outro senão o local da vida. Local de uma experiência por excelência – a experiência de *Lost* –, que você também deve ter tido. "A vida é sobrevivência", conforme escreveu Derrida. "Nós somos estruturalmente sobreviventes."

Isso porque desde o nascimento cada ser vivo, inclusive você, já está habituado com a possibilidade inextinguível da morte – por essa catástrofe à qual já terá sobrevivido e que o acompanha enquanto o aguarda.

E, portanto, *viver* significa, desde sempre, *sobreviver*, renascer dessa morte que, ainda antes de ser efetiva, já esteve aqui. Por isso, o luto e a gravidez se entrelaçam indissoluvelmente.

## 5. Luto e gravidez

Agora, vamos ao seu episódio favorito.
Boone ficou gravemente ferido durante uma expedição realizada com Locke. Enquanto Jack tenta salvá-lo em vão e depois o acompanha até à morte, Claire dá à luz na floresta com a ajuda de Kate. A relação essencial entre vida e morte, entre morte e nova vida que opera na Ilha, encontra perfeita representação simbólica no episódio intitulado "Do no harm" (1-20).

Você tem razão de dizer que a atenção pareceria deslocar-se, assim, para o ciclo da vida como a sucessão de nascimento e morte, e evocar o fragmento de Heráclito que diz: "Nascidos, querem viver e encontrar destino de morte, e deixam filhos para que sejam destinos de morte." Mas o que mais me chama a atenção não é tanto o elemento cíclico e sim o entrelaçamento e a compenetração dos dois aspectos, e a incrível a fusão de luto e gravidez.

Os dois eventos simultâneos, ocorrem em dois espaços distintos: a floresta, para o nascimento, e as cavernas, para a morte. Porém eles são íntima e indissoluvelmente ligados, graças ao uso da montagem alternada que remete continuamente a um e a outro – quase como se o nascimento do filho de Claire não pudesse ocorrer senão *através* da morte de Boone.

Por outro lado, o fato de que a gravidez carrega em si o sinal inextinguível do luto é um dos mistérios da Ilha.

"O que acontece com as mulheres grávidas nessa Ilha?", pergunta Sun a Juliet. "Elas morrem, Sun. Todas morrem" (3-18). As mulheres que ficam grávidas na Ilha estão destinadas a morrer na metade do quarto mês. É como se carregar em si a vida significasse carregar em si a morte. E é para resolver esse problema que Ben leva Juliet para a Ilha, uma médica especializada em fertilidade que ajudou a própria irmã, doente de câncer, a levar sua gravidez adiante.

Mas, em que sentido o luto e a gravidez deveriam estar associados? Não são, justamente, estados opostos?

A resposta: somente na aparência. Porque dar à luz significa já destinar à morte – começar a fazer morrer. E isso não somente na Ilha, mas na vida de modo geral. Não é possível doar a vida sem doar, simultaneamente, a morte. Portanto, o único modo de fugir à morte é jamais ter nascido.

Desde o primeiro instante, o espectro da morte vela sobre o surgimento da vida, e incorpora-se nela, inevitavelmente.

Em outros termos: o nascimento *é* a morte.

Isso vale para a vida de todos os indivíduos. Porém, aplica-se também à organização coletiva da vida, àquilo que chamamos de *corpo político*. E Rousseau, o filósofo, não erra ao lembrar dessa questão em *Do contrato social*: "O corpo político, como também o corpo humano, começa a morrer desde o seu nascimento, e carrega em si mesmo as causas de sua destruição."

Portanto, não há nenhum paradoxo ao entrelaçar o luto e a gravidez, isto é, ao carregar em si a vida e também a morte.

Podemos extrair uma análise interessante dessa condição singular de vivos-mortais da leitura que Derrida fez de um verso do poeta de língua alemã Paul Celan, que diz: *Die Welt ist fort, ich muss dich tragen* ("O mundo se foi, eu devo carregar-te"). Essa análise é mais significativa ainda se considerarmos que o verso de Celan foi comentado por Derrida em seu seminário dedicado a *Robinson Crusoé* e Heidegger. E não se trata de um acaso. O verso de Celan fala, efetivamente, da linguagem da perda do mundo, que, como nós vimos, é a própria linguagem da Ilha.

Detendo-se nas primeiras palavras do verso de Celan, Derrida comenta: "O mundo se foi, o mundo abandonou-nos, o mundo não existe mais, o mundo está distante, o mundo está perdido" – *the world is lost*, na tradução inglesa.

Aqui também, portanto, encontramos a figura do mundo "perdido", associada, mais uma vez, às questões do nascimento e da morte. Claro que, aparentemente, não há indício de vida ou de morte nas palavras do poeta. Tampouco de gravidez e de luto. Há, unicamente, um mundo perdido. Porém, basta olharmos para o verbo alemão traduzido em português como *carregar* para que tudo se modifique.

O verbo *carregar* com o qual o verso é concluído equivale ao alemão *tragen*, que significa, simultaneamente, "vestir-se de luto" e "carregar uma criança no ventre". "*Tragen*", afirma Derrida, "é usado correntemente para a experiência de carregar uma criança que ainda deve nascer. [...] Mas, 'por outro lado', se *tragen* fala a linguagem do nascimento, se é dirigido a um ser vivo presente ou por vir, também pode dirigir-se ao morto, ao sobrevivente ou ao seu espectro, numa experiência que consiste em carregar o outro em si, como se carrega o luto."

Ora, em ambas essas experiências o mundo está perdido, não existe mais, se foi na medida em que o *eu* permanece sozinho *com* o outro: o outro por vir e/ou o outro que não é mais. O outro que não é mais *como* outro por vir na forma de um retorno espectral. E o outro por vir como outro que já não é mais, cuja vida carrega já em si a morte por vir.

Mas que fim levou o mundo?

# 6. A ILUSÃO DO MUNDO EXTERIOR

Detalhe de um olho que se abre: a pupila, sensível à luz, encolhe-se para focalizar. O mundo.

O universo de *Lost* escancara-se a partir do olho do sobrevivente Jack Shephard (1-01).

Referindo-se à primeira cena da série, Stephen King afirmou, durante uma entrevista que deu à revista *Entertainment Weekly*, que ele terminaria *Lost* mostrando um flashback no qual Jack, antes de embarcar no voo Oceanic 815, fosse sequestrado por alguns homens e, então, drogado ou ligado a uma máquina. Toda a série *Lost* (o acidente, a Ilha, os sobreviventes e suas histórias) se revelaria, assim, como uma alucinação ou um sonho de Jack, que, na realidade, nunca teria estado a bordo de nenhum avião – seguindo um modelo cinematográfico bem balizado que vai de *O gabinete do Dr. Caligari,* de Robert Wiene, a *Identidade*, de James Mangold.

Você bem sabe que as coisas não acontecerão desse jeito.

No entanto, a solução proposta por King continua a ser interessante, na medida em que aborda um tema recorrente em *Lost* e que a filosofia jamais deixou de discutir: o questionamento da existência do mundo exterior – ou seja, daquilo que, aos nossos olhos, tem existência certa e indubitável.

Assim, não seria somente o mundo que os sobreviventes deixaram para trás que não existe mais, que está perdido. O mundo que eles têm à sua frente, diante dos olhos e bem palpável, o mundo da Ilha, também poderia não ser real e, nesse sentido, perdido.

Tudo poderia estar na cabeça de Jack. Ou na de Hugo "Hurley" Reyes.

Isso porque, se a solução formulada por King parece improvável, a dúvida cartesiana de que o mundo de *Lost* pode ser uma alucinação ou um sonho de Hurley é explicitamente sugerida pela série.

*Lost* não vai revelar, no fim, que tudo é um sonho ou uma alucinação. Contudo, opera, em muitas maneiras, para insinuar a dúvida de que também poderia ser assim. Resultado: a própria noção de realidade é desestabilizada e desconstruída.

Por acaso, não é verdade que, na Ilha, para citar as palavras de Charlie, "há sonhos tão reais que não parecem ser sonhos"? (2-12).

Por outro lado, eventos que não acontecem na "realidade", mas na mente das pessoas, são, às vezes, definidos como "verdadeiros", justamente devido ao seu grau de realidade. É o que Locke diz a Boone, que viu ou acredita ter visto Shannon, sua irmã, morta. Boone, angustiado, pergunta a Locke: "Era verdade?" E Locke responde: "Na sua cabeça" (1-13). E mais: a Walt, que, depois de ter lançado uma faca, afirma: "Estranho, eu vi o arremesso na minha mente, parecia verdade." Locke responde: "Talvez fosse mesmo" (1-14).

Portanto, é difícil distinguir a realidade do sonho ou das alucinações. Tanto que, segundo Jack, "a ilha pode nos levar a ver coisas que não existem, mas parecem verdadeiras" (1-09).

O espectro da dúvida de que toda a questão dos sobreviventes é um sonho ou uma alucinação toma forma no episódio da segunda temporada intitulado "Dave", nome do amigo imaginário (mas que, às vezes, parece real) que Hurley "encontra" quando esteve internado no Santa Rosa Mental Health Institute e que, de repente, aparece na Ilha.

Hurley não acredita no que vê quando encontra o amigo. Ele não quer acreditar, pois havia conseguido convencer-se, graças à ajuda do doutor Brooks, de que Dave não existia ("Dave não é seu amigo, Hugo, porque Dave não existe", 2-18). Assim, no momento de sua aparição na Ilha, Hurley diz a Dave: "Você não está aqui." E como a ilusão persiste, Hurley chega a perguntar a Sawyer se ele tem clonazepam, um remédio "que serve para fazer você se acalmar ou no caso de você ver coisas que não deveriam estar lá" (2-18) (é o mesmo remédio que Jack pedirá à médica Erika Stevens, depois de ter visto seu pai que, "na realidade", está morto, 4-10). A única coisa que Hurley consegue, entretanto, é ser definido como "louco" por Sawyer.

Porém, o fato de Hurley sofrer de alucinações, ver ou acreditar ver outro homem que, na realidade, não existe (ele não é o único a quem acontecem coisas parecidas na Ilha), não significa que ele esteja questionando a existência do mundo exterior. A dúvida de Hurley, no início, focaliza-se exclusivamente sobre Dave. Contudo, num determinado momento, a dúvida torna-se mais radical e começa a destruir também as certezas de Hurley de que seus companheiros, seu próprio corpo e toda a Ilha existam.

A hipérbole da dúvida ocorre quando Dave, o amigo imaginário, sugere justamente essa hipótese "louca" a Hurley: Hurley estaria em coma numa cama do Santa Rosa Mental Health Institute e seus amigos, a Ilha e o próprio Dave seriam fruto de sua mente. Eis o diálogo entre os dois:

> DAVE: Está certo, ouça, eu sei que você agora está aterrorizado, e sinto muito, mas… vai piorar um pouco antes de melhorar.
> HURLEY: Vai piorar?
> DAVE: Sim, um pouco. Você está pronto, cara?
> HURLEY: …
> DAVE: Você se lembra da noite em que fechou a janela na minha cara? Você lembra do que aconteceu depois daquela noite?
> HURLEY: Sim, eu percebi que você era imaginário.
> DAVE: Há, há.
> HURLEY: Esse foi um bom progresso. E, pouco depois, Brooks me fez sair do manicômio e eu voltei para a casa da minha mãe, consegui o trabalho no Mr. Clucks de volta e me senti melhor.

DAVE: Certo. Fantástico. Se não fosse pelo fato de que… nada disso aconteceu.
HURLEY: Como?
DAVE: Você ainda está no Santa Rosa, cara. Nunca saiu do hospital.
HURLEY: Isso não é possível.
DAVE: É difícil, eu entendo. Mas olhe ao seu redor. Você, eu, esta Ilha, a manteiga de amendoim, nada é real, cara. Nada disso está acontecendo. Está tudo na sua cabeça, meu amigo. No instante em que você fechou a janela, uma válvula explodiu no seu cérebro, você entrou numa espécie de coma, e é ali que se encontra neste exato momento. No seu mundo imaginário pessoal, dentro do Santa Rosa. [...]
HURLEY: Então, tudo isso está no meu cérebro?
DAVE: Cada pedra, cada árvore, cada sapo, até eu (2-18).

Este poderá parecer um diálogo entre doidos. E, talvez, o seja. Seguramente, seria julgado assim por George Edward Moore, o filósofo inglês que, em 1939, redigiu um ensaio intitulado "Prova de um mundo exterior". Contudo, Arthur Schopenhauer já dissera, em *O mundo como vontade e representação*, que a dúvida cética a respeito da existência do mundo exterior, "como convicção séria, somente poderia ser encontrada no manicômio, onde não seria necessária uma comprovação para combatê-la, mas um tratamento".

Não obstante, o diálogo entre Hurley e Dave continua a ser algo extremamente interessante, do ponto de vista filosófico, já que, para os filósofos, e a despeito da boa vontade do realista Moore, a rigor, é impossível demonstrar a existência do mundo exterior, isto é, de uma totalidade fixa de objetos que existe independentemente de nossa mente. Kant falou, na segunda edição da *Crítica da razão pura,* que se tratava de um verdadeiro e próprio "escândalo para a filosofia e o senso comum, [o fato de] que a existência das coisas exteriores deve ser admitida simplesmente por fé, e que, se alguém cismasse de duvidar disso, nós não poderíamos opor-lhe uma prova consistente". Mas o escândalo, a despeito do empenho kantiano para dar cabo dele, nunca foi eliminado de fato.

Não é possível ter certeza da existência de um mundo exterior a você e à sua mente. Nem que existam outras mentes.

A esse propósito é interessante ler o confronto entre Hurley e Dave à luz da dúvida metódica de Descartes.

Você tem razão de pensar que, segundo Foucault, Descartes teria realizado, na primeira de suas *Meditações metafísicas,* o aprisionamento filosófico da loucura e que, portanto, ele certamente não seria o melhor companheiro, do ponto de vista filosófico, para se pôr ao lado de Hurley, que foi interno de um hospital psiquiátrico. Porém, continuo convencido de que Foucault está errado a propósito de Descartes, e que Descartes está mais próximo de Hurley do que você possa imaginar.

Agora, tente ler as *Meditações metafísicas* como contraponto ao diálogo entre Hurley e Dave.

Em sua obra-prima, Descartes submete ao crivo de uma dúvida metódica e hiperbólica todas as opiniões que, até então, ele havia considerado como sendo verdadeiras.

Primeiramente, ele sustenta que, se duvidasse do fato de estar em seu quarto, ao lado do fogo, vestindo um roupão ou algo parecido, seria um louco. Depois, porém, ele acrescenta que, algumas vezes, sonhou justamente que estava ao lado do fogo, vestido, etc., e que não havia sinais para distinguir nitidamente o estado de vigília do sono. "O que acontece no sono não parece claro e distinto como todo o resto. Mas, pensando nisso com cuidado, lembro-me de ter sido enganado frequentemente por ilusões parecidas, enquanto dormia. E, detendo-me nesse pensamento, vejo que não há indícios conclusivos, nem sinais suficientemente certos por meio dos quais seja possível distinguir nitidamente o estado de vigília do sono, e fico absolutamente surpreendido; e meu estupor é tamanho que é quase capaz de me persuadir de que estou dormindo."

Por fim, Descartes supõe que haja, em vez de Deus, um gênio maligno, astuto e poderosíssimo que opera no sentido de enganá-lo, e conclui: "Eu vou pensar que o céu, o ar, a terra, as cores, as figuras, os sons e todas as coisas exteriores que vemos não são senão ilusões e enganos, dos quais ele se serve para surpreender minha credulidade."

Aí está a possibilidade de uma loucura total.

É possível que algo escape dessa sistemática destruição de todas as certezas? Sim: a existência daquele que pensa e questiona tudo: "Eu existo, sem dúvida, se eu me convenci de algo, ou se eu mesmo pensei em algo [...] *Eu penso, logo existo.*" Descartes pode duvidar de tudo, mas não do fato de existir como algo *que pensa (res cogitans)* e questiona: "Mas o que, então, sou eu? Algo que pensa. E o que é algo que pensa? É algo que questiona, concebe, afirma, nega, quer, não quer, imagina e sente." Aí está uma certeza indubitável: "Eu sou e existo, mesmo que dormisse sempre." Entretanto, disso não se depreende que exista também um mundo exterior ao meu pensamento.

E, no limite, que aquele que pensa esteja vivo.

Você se lembra de *Dark Star*, de John Carpenter, aquele *remake* grotesco de *2001, uma odisséia no espaço*, de Kubrick?

Em determinado momento, a bordo da nave espacial *Dark Star*, assistimos a um diálogo surreal no qual o capitão procura "convencer" uma bomba a não se deixar explodir. No fim, a bomba "decide" deixar-se explodir. Mas, antes, ela defende que uma máquina também é um ser inteligente e afirma, parafraseando Descartes: "Penso, logo sou."

É algo que, por exemplo, a Ilha também poderia fazer se ela fosse, como alguns afirmam, um *Valis*.

Essa hipótese não é tão equivocada, se você pensar bem. No episódio da quarta temporada, intitulado "Eggtown" (4-04), Ben lê justamente o romance de Dick, *Valis*, que tem um filme com o mesmo título e que, por sua vez, reproduz, com algumas variações, a trama do romance póstumo de Dick, *Radio free Albemuth* (e cujo título original era *VALISystem-A*). O filme *Valis*, que, de acordo com seus idealizadores, conteria a verdade sobre a natureza do universo e de Deus, fala de um satélite inteligente de natureza não humana (Valis), que influencia a vida sobre a Terra.

Mas voltemos às *Meditações metafísicas*.

Descartes não pode demonstrar que as coisas, cuja existência é atestada pelos sentidos, existam efetivamente fora dele. Para recuperar a existência do mundo exterior, ele deverá recorrer a um Deus verdadeiro e perfeitíssimo, que opere como uma espécie de garantia do fato de que as ideias das coisas sensíveis provenham efetivamente do fato que está fora de nós.

Em contrapartida, Hurley, que não recorre a Deus, encontra muita dificuldade em se convencer de que o que ele vê e sente existe realmente. Ele chega até mesmo ao ponto de querer se atirar de um penhasco, já que nada daquilo que vê e sente é real. O que vai conseguir arrancá-lo da hipérbole da dúvida e, talvez, da morte é o beijo de outra sobrevivente, Libby, precedido das seguintes palavras: "Não venha me dizer que você me inventou, é um insulto. [...] Hurley, olhe para mim, eu existo de verdade e você existe de verdade. E o que eu sinto por você é real" (2-18).

Mesmo sem Deus, a realidade do mundo exterior parece ter sido recuperada por meio da força do sentimento e de um ato de confiança para com o outro. Hurley está salvo e feliz.

Entretanto, uma mudança quase imperceptível na expressão do rosto de Libby, enquanto ela se afasta do penhasco de mãos dadas com Hurley, insinua a dúvida de que a solução não é tão simples assim (por outro lado, perdura a possibilidade de que o beijo de Libby seja "real", como as bofetadas de Dave, o amigo imaginário). Então, um flashback nos leva de volta ao Santa Rosa Institute, onde o doutor Brooks está fotografando Hurley, que acredita estar abraçando seu amigo Dave, enquanto abraça apenas o vazio. E tudo isso ocorre sob o olhar de outra paciente: Libby.

Quando você acreditava ter recuperado o mundo, lá está ele novamente perdido.

Mas isso não quer dizer que seja um mal.

Agora, você terá menos certeza sobre suas crenças: que as coisas estivessem simplesmente ali, fora de você, impassíveis e estáveis, como uma rocha insensível às suas atenções, ao seu olhar, aos seus pensamentos, às suas palavras.

Como Cavell sugeriu, há uma verdade no ceticismo que é preciso tomar cuidado para não perder, libertando-se com demasiada pressa da dúvida cética acerca da existência do mundo exterior. Ou seja, que "o elemento fundamental da criatura humana no mundo como totalidade, sua relação com o mundo como tal, não é o saber, ou, de qualquer forma, não é aquilo que consideramos o saber". A relação que você tem com o mundo exterior não é uma questão de saber, mas um ato de confiança.

## 7. Pontos de vista sobre o mundo perdido

Num episódio após o outro, você percebe que, em *Lost*, é sempre e só a verdade que está em jogo: a verdade da Ilha, a verdade da vida e da morte, a verdade dos sobreviventes, a verdade dos Outros, a verdade do próprio mundo.

*Lost* põe a verdade em cena.

Mas de que verdade se trata?

Essa é uma boa pergunta. Porque existem diversas maneiras de compreender a verdade – e, portanto, verdades muito diversas.

Ora, em *Lost*, estamos distantes da ideia filosófica clássica de verdade como *correspondência* entre pensamento e coisa, entre linguagem e realidade formulada pela primeira vez por Platão em *Crátilo*: "Verdadeiro é o discurso que diz as coisas como estão; falso é aquele que diz as coisas como não estão."

*Lost* questiona radicalmente a ideia de que haja asserções ou crenças simplesmente verdadeiras, já que desconstrói a ideia de um mundo que se dá antes e fora das interpretações dos sujeitos ("as coisas como estão"). O mundo, em *Lost*, é sempre voltado *para* um sujeito – e que, justamente nesse sentido, pode ser definido, segundo Derrida, como "outra origem do mundo". O sujeito, diz Derrida, compreendido como "olhar", é uma singularidade a partir da qual um mundo se abre, e não um simples olhar *sobre* o mundo compreendido como um registro do que há. "O olhar do outro não é simplesmente outra máquina para perceber imagens, é outro mundo, outra fonte de fenomenalidade, outro ponto zero do aparecer."

Em *Lost*, tudo começa, não por acaso, sob o signo do olhar, da perspectiva e do ponto de vista: o olho de Jack que abre o episódio piloto (1-01), ponto zero do aparecer a partir do qual a série se avia. Porém, não se trata de um caso isolado. A série inteira é repleta de episódios que se abrem com o olho de uma das personagens, sublinhando quase obsessivamente o fato de que tudo acontece de acordo com o ponto de vista e a perspectiva.

Assim, temos o olho de Locke, que abre "Walkabout" (1-04). O olho de um Jack muito jovem, que abre "White Rabbit" (1-05). O olho de Sun, que abre "House of the Rising Sun" (1-06). O olho de Boone, que abre "Hearts and Minds" (1-13). O olho de Michael, que abre "Special" (1-14). O olho de Jin, que abre "…In Translation" (1-17). O olho de Desmond, que abre "Live Together, Die Alone" (2-23). O olho de Juliet em "A Tale of Two Cities" (3-01). O olho de Locke, que abre "Further Instructions" (3-03). O olho de Claire, que abre "Par avion" (3-12). O olho de Locke, que abre "Eggtown" (4-04). O olho de Ben, que abre "The Shape of Things to Come" (4-09). O olho de Jack, que abre "Something Nice Back Home" (4-10).

Cada um tem seu jeito singular de ver a Ilha: é sua perspectiva do mundo.

É um relativismo de *Lost*? Sim, e está explicitamente declarado Porque *Lost* mostra a você que o mundo não se dá a não ser no interior de um ponto de vista singular: é o que chamamos "sujeito".

Nisso, também, *Lost* é muito enfático: não há sujeitos que expressam pontos de vista sobre o mundo. Mas pontos de vista sobre o mundo que constituem sujeitos. Em todos os episódios mencionados, é o olho como expressão do ponto de vista que é colocado em primeiro plano.

Você pode não saber nem dizer nada a respeito do mundo exterior ou dos diversos pontos de vista. Isto se reduz ao "enigmático X" do qual falava Nietzsche, ou seja, a um indeterminável ao qual nós não temos acesso, mas em torno do qual giram os diferentes pontos de vista ou, se você preferir, as diferentes interpretações.

Em outros termos, o mundo anterior e exterior aos pontos de vista está perdido. É exatamente nesses termos que Nelson Goodman se expressa em *Vedere e costruire il mondo* (Ver e construir o mundo), no qual afirmou que há tantos mundos quanto há *visões* ou *versões* distintas que o retratam.

Ora, todas essas visões ou versões têm dignidade e realidade equivalentes, e nenhuma é mais verdadeira ou mais real do que a outra, porque ninguém tem acesso ao mundo do lado de fora ou por baixo das visões-versões. Portanto, não há a possibilidade de confrontar as visões-versões com o mundo como ele é, porém somente entre si. "Muitas diferentes versões do mundo são interessantes e importantes de forma independente, sem que se tenha de exigir ou presumir sua redutibilidade a uma única base."

Então, o que é do mundo exterior ou anterior às visões-versões? Aqui vai a resposta: "Não é preciso tirar o mundo anterior daqueles que o acham desejável; talvez, no fim das contas, ele seja um mundo já perdido."

# 8. Tudo é relativo

No episódio "One of Them" (2-14), a desconstrução da ideia de que há enunciados simplesmente verdadeiros ou falsos emerge com clareza a partir de um diálogo entre Jack, Sayid e Locke, que versa sobre a asserção referida no título do episódio: "É um dos Outros."

Henry Gale (codinome de Benjamin Linus) foi capturado e é mantido prisioneiro na estação Cisne, uma das estações de pesquisa da Iniciativa Dharma. Sayid está convencido de que se trata de um dos Outros e, portanto, está disposto a torturá-lo para fazê-lo confessar a verdade. Jack, profundamente contrariado, o faz parar e pede a Sayid para justificar seu comportamento. Sayid responde que ele tem certeza de que se trata de um dos Outros. A essa altura, Jack recorda-lhe que Rousseau pensava a mesma coisa dele, Sayid, quando o havia capturado.

Em outros termos, Jack quer alertar Sayid, dizendo-lhe que ele poderia enganar-se da mesma forma que Rousseau: Henry Gale poderia não ser um dos Outros, exatamente como Sayid não o era.

> JACK: Mas o que aconteceu com você?
> SAYID: Ele é um dos Outros.
> JACK: Pois é, ele disse isso a você?
> SAYID: Não.
> JACK: Então, como é que você sabe?
> SAYID: Eu sei e pronto. Eu sei que ele é um dos Outros.
> JACK: Rousseau pensava a mesma coisa de você. Se não estou enganado, ela o amarrou e lhe deu choques, porque achava que você fosse um dos Outros (2-14).

Jack foi razoável, como sempre. E é nesse momento que Locke intervém, para desestabilizar o raciocínio de Jack, afirmando, contra qualquer evidência, que Sayid *é* um dos Outros.

> LOCKE: Ele é.
> JACK: Como?
> LOCKE: Ele é um dos Outros. Para Rousseau, somos todos dos Outros. Imagino que tudo seja relativo (2-14).

Do ponto de vista de Rousseau, Sayid é um dos Outros, enquanto ele não o é para o grupo dos sobreviventes. Ora, é justamente o conceito relativo de *Outros* – que, não por acaso, desempenha papel-chave na série, ao mesmo tempo ético e político – que permite demonstrar que a verdade de nossas afirmações é *relativa* a certo ponto de vista: os outros são sempre outros *para* alguém (para outro alguém), isto é, a partir de determinado ponto de vista.

É o que Ben procurará fazer Jack compreender, convidando-o a "mudar de ponto de vista", quando este último se encontra na condição de prisioneiro dos Outros na Estação Hidra.

> BEN: Não é extraordinário, Jack? Há uma semana nossas posições estavam invertidas. Eu era o prisioneiro e você é que vinha me visitar. Sei que você estava muito zangado porque eu havia mentido para você sobre minha identidade, mas, puxa vida, você pode me censurar por isso? Enfim, admita: se eu tivesse dito que era um daqueles que você e seus amigos há tempos chamavam de Outros, estaríamos de volta a Sayid e às suas torturas, não é verdade?
> JACK: O que você quer de mim?
> BEN: Eu quero que você mude seu ponto de vista (3-02).

Basta que o ponto de vista mude para se encontrar imediatamente na posição dos Outros – e para que a afirmação "X é um dos Outros" passe de falsa a verdadeira. E se acrescentarmos que "Outros" em *Lost* tem a conotação de ameaça e perigo (Você se lembra de Sartre? "O inferno são os outros"), pode-se compreender que afirmar que o conceito de "Outros" é relativo significa colocar em discussão as tranquilizadoras oposições de bem/mal, de amigo/inimigo. Não é por acaso que, em *Lost*, as mudanças de lado estejam na ordem do dia e que, não raro, elas nos deixem surpresos e um pouco desnorteados.

Quando Locke afirma "Sayid é um dos Outros" (para Rousseau) e, então, acrescenta que "tudo é relativo", ele está expondo justamente a ideia relativista da verdade. "A tese relativista sobre a verdade é que não há asserções ou crenças simplesmente verdadeiras: cada asserção ou crença é verdadeira para X e, com frequencia, não para Y", pode-se ler em *Per la verità* (Pela verdade), de Diego Marconi.

A tese relativista sobre a verdade em *Lost* se aplica precisamente à própria série na condição de obra aberta a múltiplas interpretações e para a qual não existe uma única verdade.

Em *Il fattore della verità* (O fator da verdade), Derrida escreve: "O que acontece quando um texto, por exemplo, uma assim chamada ficção literária [...] põe a verdade em cena?" Entre as várias respostas que se podem oferecer a essa pergunta, há uma particularmente interessante e que está ligada diretamente a você: a interpretação da obra já está em cena na própria obra.

Ou, se você preferir: a relação entre as personagens e a Ilha já coloca em cena a relação entre os espectadores-intérpretes e *Lost*.

A esse respeito, Lindelof afirmou: "Poderemos dizer: 'A história tem um início, um meio e um fim e acho que seu significado seja esse.' E alguém vai responder: 'Não, não, não está centrada na Grande Depressão, mas na Segunda Guerra Mundial' e assim por diante, e poderá ser discutida e daí surgirão opiniões diferentes. E mesmo que o próprio autor dissesse que 'a história é sobre a Segunda Guerra Mundial', isso não significaria que quem pensara na Grande Depressão estava errado. Mais uma vez, a interpretação é relativa."

Relativa ao sujeito que a propõe e que, portanto, é responsável por ela exatamente como ele é responsável pelo mundo *dele*.

## 9. O ENIGMA DA VERDADE

Em *Lost*, portanto, é a verdade quem fala, de muitas maneiras. As várias perspectivas não são outra coisa senão modos de uma verdade se expressar e se apresentar que nenhuma perspectiva esgota. Trata-se de uma verdade de aspecto *enigmático*, isto é, simultaneamente obscura e violenta, terrível (a palavra *enigma*, do grego *ainigma*, "dito obscuro", traz em si traços de outra palavra grega, *ainos*, que significa "terrível", "violento"), longe da "verdade que é riqueza, fecundidade, força doce e insidiosamente universal", para usar a expressão de Foucault.

Nesse sentido, eu poderia dizer a você que *Lost* não é nada mais que o enigma da verdade.

Se defino *Lost* como enigma da verdade é porque a verdade que habita essa ficção é algo mais do que o simples segredo da Ilha que será finalmente desvendado – ou, em termos mais precisos, algo mais do que a realidade da Ilha que será finalmente revelada com uma fórmula do tipo: "A Ilha de *Lost* é x." A verdade de *Lost*, como concordância ou adequação da linguagem à coisa em si ("A Ilha de *Lost* é x", por exemplo, "A Ilha de *Lost* é Atlântida"), é uma verdade que não esgota a verdade de *Lost*.

Está claro que em *Lost*, como em *Em busca do tempo perdido*, de Proust, encena-se a busca pela verdade. Porém, essa busca – da qual você também está participando – torna-se a cada momento mais complexa, intrincada, às vezes labiríntica, perdida num mar de indícios disseminados em todas as direções, falsas pistas, sonhos, premonições, erros, novas histórias, mentiras, alucinações, e se transforma logo em reflexão visionária sobre o próprio sentido da busca e sobre seu objeto, isto é, a verdade.

Chega um momento em que você para de procurar a verdade como um cão de caça procura sua presa: você para e começa a refletir, a interrogar-se sobre qual é o sentido dessa busca e a natureza do que está procurando.

Você deseja a verdade, quer conhecê-la. Mas o que você sabe sobre esse desejo? E o que sabe sobre essa verdade? Qual é a verdade da verdade – isto é, o que é a verdade, de que estamos falando quando usamos esta palavra, aparentemente tão clara: "verdade"? É realmente desejável? E uma ficção pode falar seriamente da verdade e da procura por ela?

A complexidade da narrativa de *Lost*, que brinca abertamente de fazer você se perder, levanta todas essas questões em torno do enigma da verdade, operando desde já uma desconstrução das fronteiras que separam verdade e ficção, verdade e mentira, verdade e erro, e pondo-nos em guarda contra os próprios riscos do desejo de verdade, que pode assumir a forma da violência mais terrível.

Se pudesse falar, a verdade de *Lost* muito provavelmente usaria as palavras que lhe atribuiu Lacan: "Então, eu sou para vocês o enigma daquela que se subtrai assim que aparece [...] Eu, a verdade, estarei contra vocês, uma grande enganadora, porque meus caminhos não passam somente pela falsidade, porém pela omissão estreita demais para encontrar-se na falta da simulação e pela nuvem sem acesso do sonho, pelo fascínio sem motivo do medíocre e o impasse sedutor do absurdo. Procurem como os cães que vocês se tornam ao escutar-me [...] E eis que vocês já estão *perdidos*."

A verdade de *Lost* faz você se perder e errar.

Lançando mão da fórmula utilizada ainda por Lacan em seu texto intitulado *Televisão*, pode-se dizer que, de qualquer maneira, não se chega à verdade de *Lost*. A fórmula deve ser entendida em duplo sentido, isto é: 1. A verdade de *Lost* é tal que não pode ser dita inteiramente; 2. A verdade de *Lost* é tal que, se for inteiramente dita, não será dita.

Portanto, há uma verdade – e é a verdade da qual *Lost* fala –, que não se deixa desvendar inteiramente, que traz consigo um resto de indizível como um elemento constitutivo seu, a ser guardado como tal.

Trata-se de começar a estabelecer familiaridade com essa ideia aparentemente frustrante: o que se revela mantém um quê de oculto. E que, portanto, não há verdades definitivas, reveladas de uma vez por todas. Que o objeto de seu desejo de saber (outra maneira de traduzir a palavra *filosofia*) está constitutivamente perdido.

Mas que verdade será essa?

Trata-se, precisamente, da verdade que Heidegger (do qual o próprio Lacan é discípulo) enunciou como des*velamento*, não *ocultação*.

Mais uma vez, exatamente como já fiz com Deleuze, vou mostrar uma fotografia para você: ela retrata Heidegger de costas, enquanto caminha.

Aí temos outra visão. Já não estamos mais na praia, de frente para o mar, como na foto de Deleuze, mas num bosque ou numa floresta. E é justamente a partir daqui que Heidegger pensa sua ideia de verdade.

Para Heidegger, a verdade é uma abertura – da qual o homem também participa – que deixa que as coisas permaneçam em seu ser e, ao fazer isso, retira-se na ocultação. Com isso, Heidegger pretende dizer que ocultação e mistério pertencem, essencialmente, ao cerne da verdade – são seu âmago de escuridão que é preciso guardar como tal e não eliminar como um simples defeito ou uma falta. É a partir dessa ocultação que se dá a abertura como não *ocultação,* des*velamento* de todas as coisas.

Para explicar essa ideia de verdade como não ocultação, Heidegger recorre, frequentemente, à figura da *clareira*, vale dizer, à imagem de um espaço largo e iluminado que se descerra no âmago de um bosque ou de uma floresta. O que, do meu ponto de vista, é ainda mais interessante: como você bem sabe, a floresta da Ilha está repleta de clareiras. Pense na clareira na qual Kate, Sayid e Charlie se encontram enquanto estão em busca do balão de Henry Gale. Ou, então, aquela em que Locke e Boone encontram o avião do irmão de Eko.

Aparentemente, a clareira não pareceria ter nada a ver com a ocultação: a clareira é aberta, o espaço da luz, da visibilidade. Na verdade, para ser assim, a clareira como espaço aberto e iluminado necessita da escuridão da floresta, que a envolve e protege. Não existe experiência da clareira senão em relação ao fechamento da floresta.

"A clareira na floresta é experimentada em contraste com a floresta, exatamente onde ela é densa", escreve Heidegger. O mesmo acontece para a verdade como clareira: abertura como espaço ao qual é necessário um fundo de ocultação entendido como *mistério*. "Não se trata de um mistério particular, mas unicamente do fato de que, em geral, o mistério (o velamento daquilo que é velado) enquanto tal domina e perpassa o homem."

O mistério não diz respeito a nada em particular, mas ao fato de que, no fundo, a verdade permanece opaca, impenetrável, irredutível à clareza da evidência.

Saber estabelecer uma relação com a verdade, com essa verdade, significa saber renunciar à ideia de uma descoberta que não deixe restos, dúvidas, que não deixe espaço para outros – para outras perspectivas, leituras e interpretações.

## 10. A SOCIEDADE INVISÍVEL

Entre as várias imagens que foram utilizadas para a publicidade de *Lost*, existem algumas que representam bem a ideia de verdade como clareira da não ocultação teorizada por Heidegger e atuante em *Lost*.

Não creio que Heidegger teria apreciado o paralelo – o que, naturalmente, o torna ainda mais interessante aos meus olhos. É uma maneira de levar o pensamento de um autor a revelar coisas que o próprio autor, que frequentemente funciona como um guardião, não gostaria que transparecessem.

Essas imagens são normalmente divididas em duas partes. Na parte superior, de forma variada, estão representadas a Ilha e as diferentes personagens da série reunidas em grupo, enquanto na parte inferior não há figuras, porém unicamente um espaço preto (com ou sem o logo de *Lost*), uma mancha escura da qual a Ilha e as personagens parecem quase emergir.

Esta é a verdade de *Lost*: o desvendar-se de um mundo a partir de um fundo obscuro e misterioso que, contudo, não é apagado, porém é o próprio cerne do des-velamento.

Muito bem. Mas todas essas histórias de bosques, florestas clareiras, caminhos e obscuridade não possuem uma tendência reacionária, especialmente se pensarmos na trajetória política de Heidegger? Não seria melhor abandonar essa ideia de verdade, trocando-a por algo mais científico?

Tudo depende do que você esteja tentando pensar por meio dela. De que uso você pretende fazer dela. Se você pensar simplesmente que essa ideia de verdade visa a uma espécie de retorno mítico à natureza, antimoderno e anticientífico, então não restam dúvidas: é uma ideia reacionária, que não serve absolutamente para nada. Pelo contrário, há o risco até de ela ser perigosa. Contudo, julgo essa utilização redutora.

Heidegger e *Lost* são mais complexos e refinados do que você pode imaginar. Vou mais longe: eles falam justamente sobre a complexidade.

Em Heidegger como em *Lost*, as florestas, os bosques, as clareiras não lidam absolutamente com uma ideia arcaica de sociedade, mas com a verdade de nossa sociedade como sistema complexo.

O que é um sistema complexo?

Em seu prefácio de *La società invisibile* (A sociedade invisível), intitulado "Em busca da sociedade perdida", Daniel Innerarity escreve: "Os sistemas de grande complexidade colocaram definitivamente em crise o ideal segundo o qual os fenômenos podem ser sempre completamente desvendados, compreendidos e controlados."

A verdade da sociedade complexa é uma verdade da qual uma opacidade constitutiva faz parte – ou, para permanecermos em nosso léxico heideggeriano: ocultação ou mistério.

Mas a opacidade-ocultação pode ser tanto o que torna impossível o desvelamento e a decifração total da sociedade, como o que torna possível as diferentes interpretações, que serão, assim, constitutivamente parciais, instáveis e móveis. Exatamente como as personagens de *Lost*: sempre em contínua redefinição, evolução, transformação, no seu incessante confronto com o complexo sistema-mundo da Ilha.

Não é por acaso que Innerarity afirma que a sociedade invisível, caracterizada por problemas de legibilidade e por uma "opacidade irredutível", é também uma sociedade na qual convivem interpretações múltiplas: "O fato de que a sociedade tenha se tornado progressivamente invisível significa que ela tem menos a ver com variáveis objetivas do que com interpretações [...] O fim da evidência e da visibilidade corresponde ao reconhecimento da plurissignificação da realidade. [...] Um mundo desse tipo é mais indeterminado e aberto, mais interpretável e, portanto, potencialmente mais pluralista, menos inconstestável."

## 11. A TORTURA DA VERDADE

Agora eu gostaria de mostrar a você esta carta, assinada por Derrida.

Sempre me pareceu ser um dos melhores antídotos contra os fanáticos da verdade a todo custo: "A verdade é no seu maldito nome que nós nos perdemos, somente em seu nome, não pela própria verdade, se ela existisse, mas pelo desejo de verdade que nos extorquiu as 'confissões' mais aterradoras, depois das quais ficamos mais distantes que nunca de nós mesmos, sem nos aproximarmos sequer um passo de uma verdade qualquer [...] Todos esses segredos não são senão falsos segredos, e merecem o esquecimento, e não a confissão. Nada disso nos concerne. Depois dessas miseráveis confissões que nós nos extorquimos [...] restam-nos apenas os instrumentos de tortura."

Derrida está exagerando? Talvez. Ele próprio, por outro lado, escreveu uma vez "eu exagero, exagero sempre". Porém, não se esqueça que, em nome da verdade – uma verdade a ser estabelecida, encontrada ou defendida – são frequentemente cometidos os crimes mais atrozes. Algo que aqueles que lutam pela verdade, e contra o relativismo, tendem a dispensar, esquecendo-se assim do ensinamento de Nietzsche, segundo o qual um desejo de morte poderia ocultar-se atrás do desejo de verdade.

Aí está outra face da verdade.

Talvez seja a mais difícil para você aceitar – para você que nunca aceitou a ideia de que "a única verdade é aprender a libertar-se da paixão insana pela verdade". Trata-se de uma face temível que *Lost* nos mostra em toda a sua violência no episódio no qual Sayid e Jack recorrem à tortura para fazer Sawyer confessar.

Não se trata de um acaso. As cenas de aprisionamento e tortura repetem-se diversas vezes no curso da série: *Lost* está repleto de interrogatórios e de prisioneiros que devem confessar a verdade, a todo custo.

Você acha que eu também estou exagerando?

Então, procure ver em qual episódio a palavra "verdade" e a fórmula "eu quero a verdade" são usadas com mais frequência. Você vai ter uma surpresa desagradável.

Trata-se de um episódio da segunda temporada no qual Ben é feito prisioneiro e os sobreviventes devem descobrir se ele é ou não um dos Outros. E é Sayid quem repete obsessivamente, enquanto massacra Ben: "Diga-me a verdade, quero saber a verdade" (2-14).

Isso porque Sayid é o homem da verdade por excelência. É ele quem – sem ser filósofo ou cientista – transformou a busca pela verdade numa profissão, a de torturador: "Meu nome é Sayid e sou um torturador" (2-14). É ele quem sabe arrancar "com alicate" a verdade dos sujeitos: "Quero a verdade", diz a Locke. "E nós dois sabemos que Jack não vai concordar com os sistemas que terei de usar para obtê-la" (2-14).

Sayid está disposto a tudo para conseguir a verdade. Inclusive a matar. Perversão do amor à verdade? Em vez disso, eu diria: é sua consequência lógica e terrível. Basta pensar no que Nietzsche diz em *Gaia ciência*: "Um desejo de morte poderia ocultar-se atrás do desejo de verdade."

É isso que aparece claramente neste diálogo entre Jack e Sayid, a propósito de Ben:

> JACK: Você queria que ele sangrasse até morrer?
> SAYID: Estava tentando fazê-lo dizer a verdade enquanto ele estivesse em condições de falar (2-14).

## 12. A VERDADE DA TORTURA

Por que, em *Lost* (mas não somente, basta pensarmos na série *24 Horas*), fala-se tanto em tortura?

Por que encenar a tortura de maneira tão explícita?

Por que há um torturador profissional entre as personagens de *Lost*?

Qual é a verdade dessa tortura que atua no espaço da ficção?

Não basta limitar-se a evocar os fantasmas de Guantánamo e de Abu Greib e, portanto, a dizer que é o contexto político atual que impõe essa temática. É preciso darmos um passo adiante e tentarmos colher a verdade específica da tortura que atua na ficção de *Lost*. É uma verdade que reescreve a transformação que ocorreu justamente na verdade da tortura no espaço público internacional.

Já se escreveu sobre o tema da tortura nas novas séries norte-americanas. Assim, vou partir justamente desse ponto. Vale dizer, das considerações de Christian Salmon a propósito da presença da tortura em *24 Horas*. "O problema encontra-se, certamente, no caráter prescritivo da ficção hollywoodiana e em sua função de legitimação de atos anticonstitucionais ou, muito simplesmente, imorais. A invenção de um modelo de sociedade no qual os agentes federais, reais ou fictícios, devem dispor de autonomia de ação suficiente para proteger a população de maneira eficaz marca a instauração de um estado de exceção permanente que, não encontrando mais legitimidade no direito e na Constituição, trata de buscá-la na ficção." Acredito que este seja justamente o tipo de simplificação a ser evitado caso se queira tentar responder as perguntas levantadas acerca da relação entre ficção e tortura.

Para se instaurar, o estado de exceção não necessita nem da Constituição nem da ficção. O fato de pensar que as narrativas das séries de tevê possam funcionar simplesmente como instrumento do exercício de poder do Império significa ignorar o que é uma narrativa de série e como ela é criada, e qual é a relação complexa que ela mantém com o público, que hoje menos do que nunca pode ser considerado um sujeito passivo. Wu Ming 2 tem razão, quando diz, referindo-se às considerações de Salmon: "O público da cultura popular nunca foi passivo. E se não o era na época do *feuilleton*, imaginem agora. Uma história complexa é sempre rica de nuances e potencialidades, aspectos fascinantes e frustrantes; dificilmente poderá adormecer a razão. Ao contrário, ela incita a criticar, a contar mais, a reagir de maneira criativa."

Aplicando os esquemas de Salmon a *Lost*, eu poderia dizer que a série é uma propaganda militar norte-americana que mostra que somente os malvados iraquianos

(Sayid) usam a tortura, e não os americanos. Contudo, seria profundamente injusto. Em primeiro lugar, injusto em relação a essa narrativa chamada *Lost*. Trata-se de uma questão de ética.

Existe uma ética da leitura. Ela obriga a respeitar a complexidade do texto e a esforçar-se para ser justo com ele. O que não diminui nossa liberdade de interpretação e reescritura, porém nos obriga a não simplificar jamais.

Vamos proceder, portanto, gradativamente e de maneira mais articulada. Partindo de *Lost* para chegar à questão de "The Truth about Torture", para citarmos o título de um artigo terrível de Charles Karuthammer publicado em *The Weekly Standard*, em que defende a tortura.

Procure perguntar-se, agora, como a tortura atua em *Lost*. A resposta só poderá ser: abertamente e de maneira *declarada*.

Não somente o fantasma da tortura perpassa *Lost* e não poupa ninguém (ela é praticada por ambos os grupos dos sobreviventes, os Outros e a própria Rousseau), mas também adota o rosto de uma das personagens, Sayid, não esconde que essa foi sua profissão (torturador da guarda republicana de Saddam Hussein), tampouco hesita em praticá-la eventualmente.

A verdade da tortura da qual *Lost* nos fala pode ser resumida na seguinte fórmula: "Meu nome é Sayid e sou um torturador" (2-14).

Aqui, a tortura não é mais simplesmente mostrada e praticada, mas nomeada e apresentada como tal sob a forma paradigmática de uma personagem que declara o que faz e se identifica com o que faz.

Contudo, o que se enuncia pela boca de Sayid é uma nova verdade da tortura, que, com a luta contra o terrorismo, assumiu forma no espaço público: é uma tortura abertamente declarada, e não apenas praticada em segredo. O próprio Jack enuncia essa verdade num diálogo com Frank Lapidus:

> FRANK: O tal Sayid, de onde ele vem?
> JACK: Do Iraque.
> FRANK: Iraque? E, assim, ele vai resolver a questão.
> O que faz, é diplomata?
> JACK: Não, é torturador (4-03).

No decorrer da luta contra o terrorismo, a tortura foi admitida publicamente e defendida no âmbito da maior democracia ocidental, os Estados Unidos.

E isso não apenas por um palpiteiro qualquer, mas pelo vice-presidente Dick Cheney em pessoa. O que acarretou, como bem notou Slavoj Zizek, uma mudança na própria verdade da tortura – e não, como você poderia pensar, o simples fim da hipocrisia no que diz respeito à tortura.

O fato de dizer o que todos já sabiam, de dizer como está a situação em relação à tortura, produziu a transformação da coisa em si.

O ato de enunciar transformou o conteúdo do enunciado.

O ato de dizer a verdade sobre a tortura transformou a verdade da tortura.

Zizek chegou exatamente ao ponto da questão da verdade da tortura quando escreveu: "O ato de enunciar publicamente alguma coisa nunca é neutro, transforma o próprio conteúdo da enunciação [...] Assim, quando ouvimos pessoas como Dick Cheney fazendo suas afirmações obscenas a favor da necessidade da tortura, devemos perguntar-lhes: 'Se você quiser simplesmente torturar secretamente terroristas suspeitos, por que está dizendo isso publicamente?'" E a resposta é que, dessa maneira, a tortura é normalizada, admitida como possibilidade em determinadas circunstâncias, elevada a *princípio universal* (em determinados contextos, não é somente possível, mas eticamente obrigatório torturar), e não simplesmente aceita em segredo como um fato pelo qual se conserva um sentimento de horror.

Essa é a nova verdade da tortura produzida pelo ato de enunciá-la. Esse ato e seu efeito de verdade é que são encenados em *Lost*.

## 13. *Real life*

Você já viu isto: quando uma ficção põe em cena a verdade, ela já encena as aventuras da própria interpretação.

Os *losties* se referem ao enigma da Ilha exatamente como você se refere ao enigma de *Lost* – e o errar deles pelas trilhas da Ilha já deve ter sido o seu; entre sinais, imagens, rastros e falsas pistas. Do lado de dentro e de fora da telinha.

É nesse sentido que acho que é possível afirmar, junto com Aldo Grasso, que *Lost* nos transformou em sobreviventes.

Assim, se os *losties* se movem num espaço no qual é sempre difícil distinguir entre verdade e ficção, verdade e mentira, sono e vigília, realidade e aparência – ou aparições –, o mesmo deve ter acontecido com você em relação à ficção de *Lost.*

A narrativa em expansão transmidial de *Lost* realiza, efetivamente, a desconstrução da oposição realidade/ficção, levando antigas e novas mídias a interagirem, e aproveitando ao máximo os recursos da rede. Não é por acaso que J. J. Abrams declarou: "A internet mudou inteiramente nosso jeito de fazer televisão."

A desconstrução que opera em *Lost* é, portanto, radical: ela não é somente representada, encenada na telinha, mas também praticada em várias plataformas através das quais a narrativa da série se expande, tecendo uma nova e complexa trama de verdade-e-*ficção*.

*Lost* não insere em seu interior modalidades documentárias que possibilitem apresentar a própria ficção como verdadeira, como faz *Cloverfield*,* o filme dirigido por Matt Reeves e coproduzido por J. J. Abrams.

A narrativa transmidial de *Lost* articula-se em torno de outro jogo. Mais sutil e articulado.

Se eu evoco *Cloverfield*, entretanto, é porque esse *monster movie* filmado como uma espécie de documentário faz parte do jogo de Lost, embora até hoje não tenha sido possível estabelecer qual é a relação narrativa que liga o filme à série. Talvez você venha a descobrir, amanhã, que o monstro de *Cloverfield* é um efeito colateral da Iniciativa Dharma. O certo, hoje, é que *Cloverfield* se encaixa na trama que a narrativa transmidial de *Lost* tece e, portanto, não pode ser simplesmente ignorado.

Tendo estreado nos Estados Unidos poucos dias antes do início da quarta temporada de *Lost*, *Cloverfield* apresenta sua própria ficção como um documentário de fatos realmente ocorridos: um filme realizado com uma (presumida) videocâmera amadora e declarado "propriedade do governo dos Estados Unidos". Em outros termos, *Cloverfield* é um *mock-documentary* ou *mockumentary*: uma obra de ficção que se apresenta como um documentário.

---

* Lançado no Brasil como *Cloverfield – Monstro*. (*N. do E.*)

A fórmula de *Cloverfield* é a reproposição, em forma fílmica, do expediente narrativo do manuscrito reencontrado; aqui, o que é reencontrado não é, naturalmente, um manuscrito, porém uma videocâmera com as imagens do ataque a Manhattan realizado por um monstro a respeito do qual não sabemos nada. Inverossímil? Permita-me citar a *Poética* de Aristóteles: "É verossímil que aconteçam também coisas contrárias ao verossímil." Inclusive, um monstruoso ataque ao coração de Manhattan.

Na tela, antes do início do filme(-documentário), pode-se ler: "Videocâmera encontrada no local do incidente 'US-447', conhecido também como Central Park." Acrescente-se a isso o fato de que a estreia de *Cloverfield* foi acompanhada por toda uma série de reportagens e textos na rede, que falavam dos eventos presentes no filme, e de outros, ligados a esses, como se fossem fatos realmente ocorridos.

Agora, vamos à relação que isso tem com *Lost*. Num dos fotogramas que precedem o início do filme aparece o logo da Iniciativa Dharma (Department of Heuristics And Research on Material Applications), o misterioso projeto científico financiado pela Hanso Foundation que desempenha um papel central em *Lost*.

Portanto, o logo de um projeto que aparece numa ficção televisiva é inserido no prólogo de uma ficção cinematográfica que se apresenta como um documento, um relatório de fatos reais.

Mas qual é o jogo que estamos jogando? Não seria melhor dispensar tudo isso como marketing viral organizado pela rede ABC e voltar a falar da série? E, por fim: não seria um jogo arriscado aquele que brinca com a verdade e com os fatos?

A questão não é sem importância, pois se choca com o próprio estatuto da narrativa. Leve em consideração o seguinte: a existência de uma verdade dos fatos, das próprias coisas, da realidade, do mundo, são todas questões que a narrativa de Lost desconstrói, como você já viu.

Num ensaio publicado em carmillaonline.com, Claudio Coletta criticou *Cloverfield* justamente porque ele leva o jogo da contaminação realidade/ficção longe demais, desestabilizando a relação narrativa/mundo, narrativa/fatos: "Pois é, detestei *Cloverfield* porque me deu a ideia de realizar uma operação muito ambígua que leva a relação entre a narrativa e o mundo dentro do qual ela se compõe a uma ruptura insanável, por meio da eficácia narrativa e da prova dos fatos. A imponente estratégia de marketing viral que, seguindo a falsa linha do *fandom*, prenunciou, acompanhou e seguiu *Cloverfield* (os chamados *chuai videos*, os sites de internet e os telejornais fictícios) desloca o discurso cinematográfico da direção para a produção *tout court*: J. J. deixa entender que o filme não é absolutamente película, imagem, ficção (que originalidade!). Não. No 2.0, o cinema é o mundo... E o testemunho que se extrai dali é que o mundo é ficção!"

Contudo, a questão é a seguinte: se hoje o jogo pode ser levado adiante tanto assim, e de maneira indubitavelmente eficaz, é porque o próprio terreno do jogo, isto é, o mundo, permite isso.

Porque não existe o mundo, compreendido como mera realidade dos fatos a serem afirmados. Ele está perdido. Desde a origem. Porque a ficção já faz parte dos fatos, da verdade dos fatos, e não se soma a eles como um perigoso suplemento.

A afirmação da verdade tem a ver com a narrativa como elemento de manipulação, e não com a mera descrição. Polemizando com Searle a propósito da ideia de *vida real*, Derrida recordava: "Como se a literatura, o teatro, a mentira, a infidelidade, a hipocrisia [...] a simulação da *real life* [vida real] já não fizessem parte da *real life*!"

É desse ponto que é preciso partir.

Da desconstrução da oposição entre ficção e vida real, da contaminação ineliminável de *ficção-e-vida real*, em vez de uma refutação do jogo da narrativa transmidial em nome de uma presumida e mítica distinção entre eficácia da narrativa e prova dos fatos. Porque não existem fatos anteriores e exteriores a uma narrativa qualquer que os interpreta, os seleciona e os põe em ordem. No máximo, a narrativa os manipula.

Qual é o jogo que estamos jogando? Um jogo complexo – e é o jogo do mundo ou, melhor, dos mundos. Um jogo do qual a ficção não é eliminável, já que a ficção não se soma simplesmente a uma presumida realidade verdadeira dos fatos: ela é *constitutiva* dos próprios fatos.

Destruição da realidade? Bem pelo contrário. Antes, a desconstrução de uma ideia simplista da realidade. Já que "a realidade de nossa sociedade, poder-se-ia dizer, ocorre mais no nível da ficção do que no nível da realidade [...] e a realidade, no sentido verdadeiro, compreende, de qualquer maneira, ambos os planos e as relações entre eles".

Trata-se, justamente, de sermos realistas: a matéria da realidade é entrelaçada com fios de ficção.

O cinema e a tevê perceberam isso. É por esse motivo que o cinema, depois de ter lançado mão do expediente dos filmes que refletem sobre o estatuto da própria realidade, deu um passo ulterior e inevitável jogando com o estatuto da própria narrativa, de forma a penetrar de outras maneiras, novas e mais livres, aquela própria realidade que ele representara tão eficazmente como um local no qual se entrelaçam indissoluvelmente a realidade e a ficção, fatos e interpretações, fatos e narrativas.

Se a estratégia do vazamento encontra em *Cloverfield* um exemplo cinematográfico, é justamente em *Lost* que ela se desenvolve de maneira mais sistemática, eficaz e poderosa.

*Lost* transborda da própria moldura, penetrando, por afinidade, no mundo real, do qual a ficção agora é parte integrante. De que maneira? Pelo uso estratégico da narração transmidial.

*Lost* apresenta-se como ficção na tevê, enquanto dissemina na rede alguns elementos dessa ficção, ou inerentes a ela, apresentando-os como realidade (pense só em todas as "realidades" ligadas à *Lost Experience*). A série lança mão da hibridização, da mistura entre diversos registros da narrativa.

Assim, você pode encontrar na internet o portal da companhia Oceanic Airlines, à qual pertence o voo Oceanic 815, o portal da Hanso Foundation, o portal dos DriveShaft (a banda de Charlie) ou o da Valenzetti Foundation, em que se declara que o site não está associado a qualquer produto de entretenimento. Mas você também pode adquirir, pela Amazon, o livro *Bad Twins,* cujo manuscrito Hurley e Sawyer leem na Ilha. O autor do livro, Gary Troup, de quem se encontra uma entrevista no YouTube, faleceu no acidente do voo 815. Acontece que Gary Troup (cujo nome é um anagrama de "Purgatory") é também, de acordo com a *Lost Experience,* o autor do livro *A equação Valenzetti.* Dele, entretanto, não há qualquer rastro na Amazon. Por enquanto. Porque você poderia escrevê-lo.

Esse deslizamento infinito de planos fez com que se atingisse a situação paradoxal de que, até hoje, todas as informações sobre o fantasmagórico cientista Valenzetti provenham de um artigo que apareceu na Wikipedia e depois foi tirado do ar por ser inerente a uma personagem de ficção.

Mas o jogo de encaixe de verdade e ficção encontra sua forma hiperbólica num falso documentário contido nos conteúdos especiais dos DVDs da quarta temporada da série. O documentário (um filme que provém de fontes anônimas e cujo título é *Os Oceanic Six: uma conspiração de mentiras*) é construído como uma espécie de contrapesquisa para apurar *a verdade dos fatos narrados na ficção*, no molde daqueles que proliferaram em torno dos acontecimentos do 11 de Setembro.

O documentário refere-se à quarta temporada, que termina com o regresso de seis dos sobreviventes para casa, e denuncia como falsa a versão da história que é fornecida pelos seis: "É uma história tão inacreditável, tão completamente improvável, que todos, honestamente, achamos lógico que ela seja verdadeira. Mas é realmente isso? É possível que essa história inacreditável seja verdadeira?"

Esse jogo aparentemente gratuito integra a ficção de *Lost* enquanto sistema complexo que é simultaneamente uma reescrita visionária da sociedade complexa e um de seus elementos.

*Lost* é um universo narrativo múltiplo em expansão transmidial no qual verdade e ficção se entrelaçam indissoluvelmente.

O que ocorre? Ocorre que as narrativas não querem mais ficar em seu lugar numa sociedade em que a hierarquia fatos/interpretações, verdade/ficção, desabou, e elas circulam livremente na nova dimensão complexa do real enquanto espaço das visões-versões de um mundo finalmente perdido.

## 14. SUPERSTITES

"Permitam-me lembrar uma espécie de generalidade essencial: a testemunha não é sempre um sobrevivente?", pergunta-se Derrida.

Aí está uma pergunta difícil, porém inevitável. E que levanta uma questão aparentemente contrastante, senão contraditória, com a ideia exposta até agora da contaminação essencial de verdade e ficção em *Lost*. A figura do sobrevivente como testemunha pareceria, efetivamente, não ter nada a ver com ficção – na medida em que o testemunho exclui, por definição, a ficção.

Uma testemunha não é chamada a dizer toda a verdade e nada mais do que a verdade?

As coisas não são tão simples assim, conforme nos mostram os sobreviventes de *Lost*. E Claudio Coletta tem razão de dizer, em seu ensaio sobre *Lost* e New Italian Epic [o novo épico italiano], que "a figura do sobrevivente torna-se [...] o ponto da máxima convergência e instabilidade entre verdade e ficção" – embora posteriormente ele se apresse em declarar, numa espécie de exorcismo contra os fantasmas que rondam *Lost*, que "*a realidade* (é estranho dizer isso) *existe*".

Mas essa é uma história da qual você já ouviu falar, e não é o caso de retornarmos a ela.

Em contrapartida, vou voltar à sua pergunta: o que os náufragos de *Lost* têm a ver com o testemunho?

Vou logo abrindo o jogo, retomando a pergunta de Derrida sobre o vínculo essencial entre testemunha e sobrevivente. E narrativa. Porque não há testemunho sem narrativa. E, eu acrescentaria, tampouco sobrevivência.

Você se lembra do epílogo de *Moby Dick*? Em epígrafe, Jô diz: "E somente eu me salvei para contar a história." E Ismael responde: "O drama terminou. Por que, então, alguém se faz ouvir? Porque um sobreviveu à destruição." Aí está a palavra-chave, o ponto de articulação do vínculo entre sobrevivente e testemunha: *destruição*, que, no caso de *Moby Dick*, coincide com o naufrágio do *Pequod*, o navio do capitão Ahab.

A testemunha é a pessoa que sobreviveu ao evento do qual ela traz o testemunho em narrativa. E se trata sempre de um sobrevivente da destruição – ou, se você preferir, do naufrágio, já que, em sentido figurado, "naufrágio" significa "destruição".

De que destruição ou naufrágio estou falando?

Está claro: da destruição associada ao simples passar do tempo que destrói os acontecimentos. Dos eventos que a testemunha deve trazer de volta à vida na narrativa, testemunhando aquilo que não está presente. Pense naquilo que Aristóteles afirma no livro IV da

*Física*: "Portanto, é necessário que tudo aquilo que está no tempo seja contido pelo tempo [...] e assim sofre alguma coisa por parte do tempo, assim como temos o costume de dizer que 'o tempo consome' e 'todas as coisas envelhecem com o tempo' e que 'pelo tempo, tudo cai no esquecimento' [...], *o tempo é, com efeito, mais uma causa em si de destruição.*"

Uma testemunha é, portanto, sempre um sobrevivente da destruição ou do naufrágio do tempo. No texto de Aristóteles, a palavra grega que traduzi como "destruição" é *phthorà*, que significa tanto "destruição" quanto "naufrágio".

Agora, vamos passar do grego antigo para o latim, língua que logo você também ouvirá falar na Ilha.

No latim, *superstes*, do qual deriva "superstite", não significa apenas "supérstite", mas, em certos casos, também "testemunha", como nos lembra Émile Benveniste no verbete "Religião e superstição" de seu *Vocabulário das instituições indo-europeias*.

Por que um mesmo termo para indicar duas figuras distintas? Vejamos o que diz Benveniste: "Como é que *superstes*, adjetivo derivado de *superstare*, pode significar 'supérstite'? Isso depende do sentido de *super*, que não é apenas nem propriamente 'acima', porém 'além', de modo a cobrir, a formar uma avançada [...] assim, *superstare* quer dizer 'manter-se além, subsistir além', na verdade, além de um evento que destruiu o resto. A morte atingiu uma família; aquele que venceu um perigo, uma provação, um período difícil que sobreviveu, é *superstes*, os *superstites* resistiram para além do ocorrido [...] Esse não é o único uso de *superstes*; 'subsistir além...' não quer dizer apenas 'ter sobrevivido a uma desgraça, à morte', porém também 'ter atravessado um evento qualquer e subsistir *além* desse evento', portanto, ser 'testemunha'."

Essa é a relação íntima entre supérstite e testemunha, cristalizada em forma linguística: *superstes*.

Os *losties* são *superstites*, supérstites-testemunhas. Mas também, se quisermos dar algum crédito a outra hipótese interessante sustentada por Schopenhauer, espíritos dos mortos, dos mortos que sobrevivem ao seu destino, dos fantasmas.

*Lost* põe em cena as histórias dos *superstites* do desastre do voo Oceanic 815. Por isso sempre será possível ler *Lost* como uma história de testemunhas, ou melhor, uma história épica narrada *do ponto de vista* das testemunhas-supérstites.

A contaminação de verdade e ficção também é encenada em torno desse tema, em *Lost*.

A desconstrução da oposição verdade/ficção opera aqui também, isto é, do ponto de vista do testemunho, que pareceria, por definição, excluir qualquer contaminação com a ficção.

Isso porque o testemunho oscila sempre, estruturalmente, entre revelação e ficção. E essa oscilação é constitutiva e inelimável, e depende da própria estrutura do testemunho. Pôr em cena os supérstites-testemunhas significa, portanto, lançar mão dessa oscilação.

Claro que uma testemunha é chamada a dizer a verdade, e não a inventar histórias. Contudo, não há testemunho que não traga em si desde sempre o germe da ficção, do simulacro, da dissimulação, da mentira.

O testemunho, que deveria simplesmente atestar a verdade dos fatos, é estruturalmente habitado pela ficção. Não é por acaso que, quando seis *superstites* do voo 815 deixam a Ilha para voltar para casa, eles contam uma história que mistura verdade, ficção e mentira.

A primeira coisa com a qual Jack se preocupa, no momento em que, juntamente com outros supérstites, é resgatado pela embarcação de Penny, é: precisamos mentir, precisamos testemunhar o falso.

> JACK: Teremos de mentir.
> KATE: Como?
> JACK: Teremos de mentir.
> SAYID: Mentir a respeito de quê?
> JACK: Sobre tudo o que aconteceu desde que nosso avião caiu na Ilha (4-14).

Em seu ensaio dedicado a Maurice Blanchot, e centrado em torno da relação entre ficção e testemunho, Derrida escreve: "A testemunha 'jura dizer a verdade', promete autenticidade. Mas, até mesmo onde não cede ao perjúrio, a afirmação não pode conter uma confusa cumplicidade com a possibilidade, pelo menos, da ficção." E mais: "Não há testemunho que não implique estruturalmente a possibilidade da ficção, do simulacro, da dissimulação, da mentira e do perjúrio, ou seja, também da literatura."

Nesse sentido, a figura do *superstes* é o paradigma da contaminação entre verdade e ficção, entre verdade e mentira, entre verdade e simulacro.

Por isso será sempre possível, em nome da verdade do *superstes*, por exemplo, deixar um escritor que jamais esteve naquela ilha, mas que tem a capacidade de *ver o que não está*, escrever a história de seu próprio naufrágio numa ilha deserta.

É isso que acontece no romance de Coetzee intitulado *Foe* (Inimigo), que narra a história de uma náufraga, Susan Burton, que procura um escritor capaz de contar sua verdadeira história: "Embora minha história diga a verdade, não possui a consistência do verdadeiro (percebo isso e não é preciso fingir que seja diferente). Para dizer a verdade em toda sua consistência, é necessário dispor de tranquilidade, de uma cadeira confortável longe de qualquer distração e de uma janela pela qual se possa demorar-se a olhar; e, também, o talento de ver ondas quando se têm campos diante dos olhos, de sentir o sol dos trópicos quando está frio; de ter, na ponta dos dedos, as palavras para captar a visão antes que ela desvaneça."

A verdade alimenta-se de ficção.

## 15. O SENTIMENTO OCEÂNICO

Tornando própria uma expressão cunhada pelo amigo Rolland, Freud, numa página de *O mal-estar na civilização*, descreve assim o sentimento oceânico: "A noção do Eu presente no adulto não pode ter sido assim desde o início. Deve ter passado por um desenvolvimento do qual, evidentemente, não é possível oferecer provas seguras; todavia, isso pode ser construído com suficiente verossimilhança. O lactante ainda não distingue o próprio Eu do mundo exterior como fonte das sensações que o abismam. Ele aprende a fazê-lo gradualmente, reagindo a solicitações diversas. [...] Dessa maneira, o Eu se destaca do mundo exterior, ou, para ser mais exato, na origem o Eu inclui tudo e, em seguida, separa de si um mundo exterior. Nossa presente noção do Eu é, portanto, somente o resíduo murcho de um sentimento bem mais inclusivo, ou de um sentimento onicompreensivo que correspondia a uma *comunhão* extremamente íntima do Eu com o ambiente. Se pudermos admitir que – de maneira mais ou menos notável – essa noção primária do Eu tenha sido conservada na vida psíquica de muitas pessoas, ela se colocaria, como uma espécie de contrapartida, ao lado da noção mais estreita e mais nitidamente delimitada do Eu da maturidade, e os conteúdos representativos que lhe são conformes seriam precisamente os da ilimitabilidade e da *comunhão* com o todo, ou seja, com os quais meu amigo explica o sentimento 'oceânico'."

Acredito que qualquer consideração a respeito de Locke como líder espiritual ou como homem de fé deva partir deste ponto: desta noção primária do Ego, contrapartida de uma noção do Ego mais estreita e delimitada.

Sei que você preferiria falar das virtudes de Jack. Não discordo de que seja uma figura interessante – sobretudo quando suas certezas se esfacelam. Porém, no fundo, fica uma personagem que é vítima da sua fé na racionalidade. É fascinante, certamente. Mas à maneira da racionalidade salvadora de Sócrates, criticada por Nietzsche: aquela racionalidade a todo custo que levará Jack a cometer o erro de deixar a Ilha. Você se lembra do que diz Nietzsche em *Crepúsculo dos ídolos*? "Descobri de que maneira Sócrates fascinava: ele parecia ser médico, um salvador. É necessário mostrar ainda o erro imputável à sua fé na 'racionalidade a qualquer custo'?"

Então, voltemos a Locke.

Como você bem sabe, minhas simpatias são para aqueles que complicam um pouco os esquemas da racionalidade.

Locke é, entre os sobreviventes, aquele que encarna à perfeição o "sentimento oceânico", na medida em que logo estabelece uma relação singular de *comunhão* com a Ilha.

O homem que, antes do acidente, parecia ser inepto renasce na Ilha e se torna uma espécie de líder espiritual capaz de ocupar o lugar de Ben como chefe dos Outros.

Nesse sentido, Locke é o anti-Robinson, porque rompe com a lógica do sujeito soberano, que se esforça em dominar a realidade ao seu redor, sujeitando homens e coisas para se conformar ao próprio duplo movimento da Ilha.

Diferentemente de Jack, que é racional e considera a Ilha "somente uma ilha" (4-13), Locke se põe à escuta da Ilha, procura entrar em correspondência com ela, relacionando-se com ela como uma entidade quase divina. Essa relação também atravessa momentos de crise em que Locke se perde e não consegue compreender a Ilha. Contudo, Locke logo recupera sua fé ou, melhor, sua *comunhão* com o todo – o sentimento oceânico.

Se Freud fala de "comunhão com o todo" para explicar o sentimento oceânico, Ben conta a Locke precisamente sobre sua capacidade de entrar em *comunhão* com a Ilha: "Não sei qual é o motivo, mas parece que você tem uma espécie de comunhão com essa Ilha, John. E isso torna você muito, muito importante" (3-13).

Os modos dessa comunhão são diversos. Entre eles, o que é fundamental, está também o sonho.

Sonha-se muito em *Lost*.

Mas os sonhos não são uma via de acesso ao inconsciente, e sim uma maneira de estabelecer uma relação com a Ilha e conhecer coisas a que a atenção da vigília não permite aceder.

Parar de sonhar significa, como se percebe em "Cabin Fever" (4-11), não estar mais em comunhão com a Ilha, ter perdido a capacidade de escutá-la e, portanto, a possibilidade de conhecer algumas coisas.

No episódio mencionado, Ben, Locke e Hurley estão procurando a cabana de Jacob, mas nenhum deles sabe onde ela se encontra. Locke decide, portanto, acampar e passar a noite na floresta. Ao despertar (a cena tem início com um enquadramento do olho de Locke, que se abre), Locke encontra Horace, um membro da Iniciativa Dharma que está abatendo algumas árvores para construir um abrigo. Horace, depois de se ter apresentado, comunica a Locke que está morto há 12 anos. Então, assistimos ao diálogo seguinte:

> HORACE: Você deve me achar, John, deve me achar, e quando você conseguir, vai encontrá-lo.
> LOCKE: Quem?
> HORACE: Jacob (4-11).

A essa altura repete-se a cena do despertar de Locke com o enquadramento do olho que se abre. Aquilo que você acaba de ver, portanto, era um sonho, um "despertar dentro do sonho". Somente agora é que Locke acorda "de verdade".

Locke levanta-se, pronto a se pôr em marcha. Agora, ele sabe exatamente aonde ir, porque obteve indicações no sonho. O sonho foi, para ele, fonte indispensável de conhecimento. Como Ben compreendeu.

> LOCKE: Hugo, acorda, Hugo.
> HURLEY: O que há?
> LOCKE: Vamos, levante-se. Vamos indo.
> HURLEY: Eu achava que não sabíamos para onde ir.
> LOCKE: Agora, já sabemos.
> BENJAMIN: Eu também já tive sonhos (4-11).

Não são meras imagens as que se encontram nos sonhos de *Lost*, mas experiências. Não há nada de irracional nisso. Como Foucault escreveu: "O sonho é, provavelmente, algo bem diferente de uma rapsódia de imagens, pela simples razão de que se trata de uma experiência imaginária; e se ele não pode ser esgotado [...] por uma análise psicológica é porque também pertence ao âmbito da teoria do conhecimento."

O sonho em *Lost* é uma experiência fundamental de conhecimento que desconstrói o privilégio tradicionalmente atribuído à consciência desperta pela filosofia. É a demonstração de que o sono da razão não cria simplesmente monstros, mas também sonhos: abre, assim, a mente para outra experiência de conhecimento que remete àquela "comunhão aquática" da qual fala Foucault: "No sonho, a alma se liberta do corpo, abisma-se no *cosmo*, deixa-se submergir por ele e se mistura aos seus movimentos, numa espécie de comunhão aquática."

É isso que acontece com John Locke em relação ao mundo da Ilha. Por outro lado, Platão, no momento de pensar num dos temas mais difíceis e obscuros de sua filosofia, já se entregara ao sonho. Ao falar da figura de *chora* – aquele espaço indefinível que serve às ideias para gerar o mundo sensível –, Platão diz: "Olhando para ela, nós sonhamos." A racionalidade, o *logos*, não é, com efeito, capaz de pensar a *chora*.

Há uma lucidez no sonho que a consciência desperta não possui: é isso que Locke nos ensina, indo contra tantos preconceitos racionalistas. É preciso despertar, é claro. Mas continuar a vigiar os próprios sonhos durante a vigília, confiar neles e não tratá-los como simples resíduos do sono da razão dos quais convém desfazer-se à aurora. Como Derrida escreveu: "Seria necessário, ao acordar, continuar a vigiar o sonho."

Aos seus olhos, Locke talvez pudesse parecer um sujeito arcaico, irracional, fanático. E que a louca busca dele por uma união mística com a Ilha não teria nada a ver com a filosofia, cujo instrumento de investigação deveria ser o *logos*, a razão.

Não duvido de que a figura de Locke apresente também riscos desse tipo. Porém, isso não é um bom motivo para excluir qualquer relação entre Locke e a filosofia – já que a filosofia é o saber que, talvez, encarne, mais do que qualquer outro, o risco do pensar.

Na realidade, acredito que seja possível perceber em Locke uma figura de filósofo próxima à de que Heidegger fala num texto intitulado *Que é isto – A filosofia?*.

Nesse breve texto, Heidegger chega a definir a filosofia como "o corresponder do ente ao ser", que nos diz respeito. O ente do ser não é outra coisa senão o que já vimos por meio da figura da clareira e da imagem publicitária da série: o fundo obscuro a partir do qual as coisas emergem.

Nessa perspectiva, *filosofar* não significa mais indagar a essência das coisas por meio da racionalidade, mas entrar em correspondência com aquele espaço misterioso a partir do qual as coisas se dão, com a verdade do ser como clareira da não ocultação.

Heidegger desenvolve essa ideia a partir do repensar da palavra *filósofo* usada pela primeira vez (segundo ele) por Heráclito. Se a palavra *filósofo* (*philo-sophos*) significa "aquele que ama o saber", raciocina Heidegger, então o saber não deve ser entendido como um conjunto de conhecimentos, mas como o todo-Uno, isto é: como o fato de que todas as coisas estão recolhidas na clareira do ser. O amor pelo saber não será outra coisa, então, que a correspondência com a clareira do ser.

É nessa clareira que se move constantemente Locke, o filósofo que cuida do ser da Ilha.

"Contudo, *o que é* esse ser?", você ainda me pergunta.

Vou responder que é a própria pergunta, dessa vez, que deixa você desnorteada. É o fato de você me perguntar: *O que é?* E isso porque o ser é o fundo a partir do qual as coisas emergem, ele não é uma *coisa*: não é nenhuma coisa, nenhum ente, não ente.

Procure pensar em outra figura enigmática da Ilha, da qual ainda sabemos pouco ou nada: Jacob.

Nós o encontramos pela primeira vez na terceira temporada da série, no episódio "The Man Behind the Curtain" (3-20). E o que vimos? Nada. Ou quase nada. Mas Jacob *existe*.

Você se lembra do episódio? Locke obriga Ben a conduzi-lo à presença de Jacob. Mas quando eles chegam à cabana dele, no coração da floresta, Ben fala com uma cadeira vazia, dando a entender que ele está falando com Jacob.

Digamos hipoteticamente que Jacob seja uma manifestação da própria Ilha: então, o ser é não ente, exatamente como Jacob. Contudo, é esse não ente que lança o apelo "ajude-me" para Locke, enquanto Locke está saindo da cabana. E é com esse não ente que Locke estabelece uma correspondência.

## 16. Comunidade

*Comunidade:* é assim que Hurley define, em certa ocasião, o grupo dos sobreviventes.

Contudo, trata-se de uma comunidade *sui generis* e de grau zero. Sem contrato social, sem leis, sem tribunais, sem votações, sem eleições. Uma comunidade à qual faltam, sobretudo, a intimidade de uma comunhão, uma identidade precisa e o sentido de pertencimento.

A comunidade dos sobreviventes é uma comunidade disseminada e sem centro.

Experimente observar a disposição de suas "habitações" e você vai perceber isto: uma série de abrigos rudimentares, espalhados entre a praia e a floresta, sem ordem alguma. Nenhum espaço em comum para comer; e sequer uma única fogueira em torno da qual os sobreviventes se reúnam para conversar.

Então, por que falar em comunidade? Por acaso, esse grupo de homens e mulheres não perdeu a noção de comunidade? Não seriam eles, talvez, um grupo de pessoas espalhadas, acampadas numa praia e incapazes de constituir uma comunidade?

Tudo depende do significado que você atribui à palavra *comunidade* – essa palavra que sempre me assusta um pouco. Se você relacionar a ideia de comunidade com o fantasma de uma unidade que apaga as singularidades, que sacrifica as diferenças em nome da comunhão íntima de seus membros, a comunidade dos sobreviventes não lhe parecerá outra coisa senão a mera justaposição de elementos sem nenhum vínculo.

Mas, ao contrário, tente decifrar o que acontece no grupo dos *losties* a partir daquilo que Jean-Luc Nancy escreve em *La comunità inoperosa* (Comunidade inoperante): "O que está 'perdido' na comunidade – a imanência e a intimidade de uma comunhão – está perdido somente no sentido de que tal 'perda' é constitutiva da própria 'comunidade'."

É isto que ocorre com os sobreviventes: a comunidade que eles formam enfatiza a própria essência de comunidade como perda de comunhão, identidade forte, pertencimento. Lançando mão de uma fórmula de Bataille, poderíamos dizer que a comunidade dos sobreviventes é "a comunidade daqueles que não têm comunidade". Assim, uma forma completamente diferente de comunidade se estabelece partir da experiência do desastre e da catástrofe.

Se *Lost* tem algum mérito, é o de ter evitado mostrar aquilo que provavelmente você esperava: a narração da reconstrução da sociedade a partir do zero, obra de um grupo de homens e mulheres que voltaram a cair numa espécie de estado natural.

Em vez disso, a sociedade não nasce na Ilha. Pelo contrário, surge outra forma de con-vivência que Lindelof definiu justamente de *não sociedade*. Durante uma entrevista, ele afirmou: "No início, tínhamos os escritores que sugeriam contar determinadas histórias, do tipo 'Vamos ver o primeiro processo na Ilha', 'Vamos ver como elegem um líder'... vamos vê-los, enfim, às voltas com todas aquelas coisas que se relacionam com a construção de uma sociedade. Porém, assumimos a posição de que uma sociedade só é elaborada quando é necessário e que não havia nenhuma necessidade, por parte dos sobreviventes, de criar alguma. Assim, a sociedade deles é laxista no sentido de que é constituída por pessoas que trabalham de modo comunitário em prol de objetivos como a localização de alimentos e a construção de abrigos. Mas, talvez, nem sequer por esses últimos, tendo em vista que cada um tem seu abrigo."

A comunidade sem sociedade dos *losties*, na condição de comunidade daqueles que não possuem comunidade, não se constitui a partir de uma necessidade de defesa, mas a partir da morte. Não a partir da ameaça de morte infligida por aqueles de quem é preciso se defender, mas da morte como evento inelutável da vida.

A chave do estar e viver junto, de com-estar e com-viver, é o ser reunido pela morte e o não dever ser deixado sozinho na morte.

É o que se depreende do famoso discurso feito por Jack aos sobreviventes no episódio intitulado "White Rabbit", e que pode ser considerado o ato de nascimento da comunidade dos sobreviventes.

Precisamos parar de esperar. Agora, devemos começar a enfrentar a situação. [...] Isso não dará certo, se cada um pensar em si. Está na hora de nos organizarmos. Precisamos compreender como sobreviver aqui. [...] Uma semana atrás, éramos todos estranhos, mas agora estamos todos aqui. E só Deus sabe por quanto tempo ainda. Mas, se não conseguirmos viver juntos, vamos morrer sozinhos (1-05).

Vivemos juntos para não morrermos sozinhos. Esse é o germe de uma comunidade sem sociedade e sem comunhão.

Talvez não haja palavras melhores que as utilizadas por Blanchot em *La comunità inconfessabile* (A comunidade inconfessável) para dar voz à comunidade apresentada em *Lost*: "O que se diz começa a falar a partir de limites: 'Não se morre sozinho, e se é humanamente tão necessário ser o próximo de quem morre, é para compartilhar, ainda que de modo derrisório, os papéis e segurar as pontas, com a mais doce das proibições, daquele que, morrendo, choca-se com a impossibilidade de morrer no presente. Não morrer agora; já que não há agora para morrer. "Não", palavra extrema, a interdição que se torna lamento, o negativo balbuciante: você não – morrerá.' O que não significa que a comunidade assegure uma espécie de não mortalidade."

    O que a comunidade assegura é o *você não morrerá* como uma expressão extrema que lhe será dita pelo outro, como cuidado extremo do outro que não o deixa no morrer, não o abandona no momento da morte – e por isso não o deixa simplesmente morrer e não o abandona à morte.

Porém, essa morte jamais realiza a comunhão numa vida superior: "A morte não é uma comunhão que funde o *eu* em um *Eu*, ou em um *Nós* superior."

A comunidade dos sobreviventes não sabe fazer o luto realizado pelo nós.

Uma comunidade melancólica que sabe conviver com seus próprios fantasmas.

## 17. A CONSTANTE

Agora vamos ao meu episódio favorito.

Durante a transferência em helicóptero para o cargueiro de Widmore, ancorado a algumas milhas da Ilha, Desmond Hume, ou melhor, sua mente, começa a viajar para a frente e para trás no tempo, oscilando entre 1996, quando ele ainda estava servindo no Primeiro Batalhão do Exército Real Escocês, e 2004, o presente em que vive.

Ninguém é capaz de ajudá-lo, com exceção de Daniel Faraday, o físico que chegou há pouco na Ilha. Tendo sido informado por telefone via satélite a respeito das condições de Desmond, que, nesse ínterim, chegou ao navio, Faraday entra diretamente em contato com ele e explica-lhe que, quando se encontrar novamente no passado, ele deverá ir para o departamento de física do Queen's College de Oxford e procurar o Daniel Faraday de 1996, que leciona lá e realiza experimentos não autorizados sobre viagens no tempo. Tendo ido a Oxford, Desmond convence Faraday a vir do futuro e lhe pede ajuda, porque os saltos entre presente e futuro correm o risco de matá-lo.

Há uma única solução para pôr fim à oscilação: encontrar uma constante, algo em comum nos dois tempos

e que seja verdadeiramente importante para Desmond.
Aqui está o que o Faraday de 1996 diz:

> Toda equação precisa de estabilidade, de uma entidade conhecida: chama-se constante. Desmond, você não tem uma constante. Quando vai para o futuro, nada lhe é familiar. Portanto, se você quiser parar com isso, você precisa encontrar alguma coisa lá, alguma coisa de verdadeiramente importante para você, que exista também aqui, em 1996 (4-05).

Ora, a constante de Desmond é Penny, a mulher que ele ama. Para interromper os saltos entre os dois tempos, ele deve tentar entrar em contato com Penny em ambos os tempos.

Assim, em 1996, Desmond vai à casa de Penny, que ele já não vê há muito tempo, pedindo-lhe seu número de telefone e que não o mude durante os oito anos seguintes. Isso porque ele vai ligar para ela no dia 24 de dezembro de 2004.

A salvação de Desmond está associada a esse fato.

Ao fato de que Penny atenda o telefone, oito anos depois do último encontro de ambos.

> DESMOND: Isso vai parecer incompreensível para você, porque até mesmo eu não entendo. Mas daqui a oito anos vou precisar ligar para você e não vou poder ligar se não tiver seu número [...] Se houver alguma parte de você que ainda acredita

em nós, então, me dê seu número [...] Não vou ligar durante oito anos. No dia 24 de dezembro, às vésperas do Natal, prometo [...] Se você ainda sentir alguma coisa por mim, você vai ter de atender (4-05).

Mas essa salvação incrível que chega da resposta do outro, do fato de que o outro aceite responder ao seu chamado, não é outra coisa do que aquilo que chamamos de *amor*:

> PENNY: Alô?
> DESMOND: Penny?
> PENNY: Desmond!
> DESMOND: Penny, Penny, você atendeu... Você atendeu, Penny.
> PENNY: Desmond, onde você está?
> DESMOND: [...] Meu Deus, Penny, é mesmo você?
> PENNY: Sim, sou eu mesma!
> [...]
> DESMOND: Te amo, Penny, eu sempre te amei, sinto muito, te amo.
> PENNY: Eu também te amo (4-05).

Nesse episódio, *Lost* retoma, invertendo-a, uma imagem que Derrida utilizou para descrever o paradoxo do apelo amoroso, que, enquanto é dirigido ao outro e o chama, prescreve-lhe, ao mesmo tempo, estar livre para não responder ao chamado. Isso porque, sem essa liberdade do outro para não responder, não há possibilidade de uma resposta verdadeira e, portanto, de uma relação amorosa, mas apenas constrição. "Como se você chamasse alguém, por exemplo, por telefone, dizendo-lhe em poucas palavras: não quero que você atenda ao meu chamado e que você dependa dele; vá passear, sinta-se livre para não responder. E, para provar isso, da próxima vez que eu ligar, não responda, senão vou romper com você. Se você atender, tudo estará acabado entre nós."

De acordo com Derrida, Penny, paradoxalmente, não deveria ter atendido, para provar a Desmond que ela estava livre para não responder e, portanto, em condições de receber livremente um apelo amoroso.

Mas é justamente aqui que Derrida parece levar muito longe o paradoxo do apelo amoroso dirigido à liberdade do outro, até a ruptura, isto é, até a própria destruição do amor.

É verdade: a *possibilidade* de que o outro não responda deve sempre permanecer assim, senão sua resposta perderia todo o significado de livre resposta ao apelo amoroso. O que significa que o fantasma da não resposta instiga sempre a resposta como ameaça de interrupção ou de fim da resposta. Por isso somos sempre obrigados a pedir a confirmação do outro, mesmo quando ele responde de fato, que ele está ali, justamente como acontece frequentemente por telefone: você está aí, está ouvindo, está escutando, e como acontece com Desmond e Penny durante o telefonema deles ("Penny: Desmond, você ainda está aí? – Desmond: Penny, você está conseguindo me ouvir?").

Entretanto, se não houver resposta, se o espectro dessa possibilidade não permanecer como tal, mas tomar corpo no silêncio do outro ao meu chamado, se o outro não responder quando eu chamar, então não há relação, é o fim.

O amor não é outra coisa senão isso: o fato de que o outro possa não responder ao seu chamado, de que ele sempre esteja livre para não responder, e que, não obstante, apesar de tudo – apesar de tudo, todo o resto e todos os outros –, ele responda.

E justamente a você.

A você e não a outra pessoa.

E que, com essa resposta, você se salve da destruição do tempo, abrindo outra dimensão do ser.

# Créditos finais

# Anotações

## *Você*

"Um filósofo não poderia ser minha mãe, porque a figura do filósofo é sempre masculina", disse Derrida, certa vez. Desejando, ao mesmo tempo, um futuro ao feminino para *a* filosofia, é para esse futuro que eu olho. Por isso, dirijo-me somente a você. Quando penso, penso feminino.

## *Premissa*

Quando falo da enésima provocação de artista ou das obras de Jeff Koons e Damien Hirst, não tenciono contestar a ideia de que se trate de arte, mas acredito que tenha chegado o tempo em que a filosofia deve começar a olhar também para outras coisas. Para fora das galerias ou dos museus de arte contemporânea, na direção daquilo que um sistema de poder consolidado não reconhece como sendo arte. Acerca da arte fora dos espaços canonizados, aconselho o belo livro de Alessandro Dal Lago e Serena Giordano, *Fuori cornice. L'arte oltre l'arte* (Fora de moldura. A arte além da arte).

Defino como *épica* a narrativa transmidial de *Lost*, tomando como base a interessantíssima reflexão desenvolvida por Wu Ming 1 sobre a épica, em *New Italian Epic* (Novo épico italiano): "Essas narrativas são épicas porque dizem respeito a atividades históricas ou míticas, heroicas ou, de qualquer maneira, aventureiras: guerras, expedições, viagens de iniciação, lutas pela sobrevivência, sempre dentro de conflitos mais vastos que decidem o destino de classes, povos, nações ou até mesmo da humanidade inteira, tendo como pano de fundo crises históricas, catástrofes, formações sociais em colapso. Com frequência, o relato funde elementos históricos e legendários, quando não mergulha no sobrenatural." Sobre a relação entre *Lost* e *New Italian Epic* (NIE), veja: Claudio Coletta, *Storie di sopravvissuti. Lottare contro il probabile, sperimentare l'inverosimile, mettere alla prova la realtà (Appunti su* Lost, *il NIE e la Crisi)* (Histórias de sobreviventes. Lutar contra o provável, experimentar o inverossímil, pôr a realidade à prova [Notas sobre *Lost*, o NIE e a Crise]), e Daniele Marotta, *Carta canta/Rock the Borbons. "Accade in Italia": mostri, "fattore melodramma" ed entertainment. Echi e coincidenze di poetica tra letteratura nostrana e serie TV d'Oltreatlantico, da* Lost *a* Dexter, *passando per* Heros (Vale o que está escrito/Rock the Borbons. "Acontece na Itália": monstros, "fator de melodrama" e entretenimento. Ecos e coincidências de poética entre literatura nacional e séries de tevê de ultramar, de *Lost* a *Dexter,* passando por

*Heroes*). Ambos os ensaios estão publicados em www.carmillaonline.com.

Acerca de "experimental e popular", veja tanto as observações de Eco em *O nome da rosa* quanto o parágrafo "O popular", do já citado *New Italian Epic*.

A tese segundo a qual uma "Nova Ordem Narrativa" estaria ameaçando o mundo foi proposta por Christian Salmon, em seu livro *Storytelling. La fabbrica delle storie* (Storytelling. A fábrica das histórias). O tema do livro é interessante, mas a maneira como é abordado é banal e desapontadora. Segundo Salmon, que não tem a menor preocupação em fazer distinção entre videogames, comunicação política, administração, cinema, marketing e tevê, o Império (norte-americano) ter-se-ia apropriado da narração, transformando, assim, a realidade em ficção e minando os fundamentos da racionalidade, numa incrível operação de manipulação das mentes, que passa inclusive pelas séries norte-americanas de tevê. "Os técnicos especializados no *storytelling* escondem-se por trás das marcas e das séries televisivas, porém, também à sombra das campanhas eleitorais vencedoras, desde Bush a Sarkozy, e das operações militares no Iraque. O império apropriou-se da narração." E, ainda, num crescendo de lucidez racional: "É notório que o primeiro-ministro François Fillon seja um admirador da série *24 Horas*. Se Sarkozy ou Guaino se revelam fãs de *The West Wing*, não causa estranheza que a vida política se pareça cada vez mais com uma série de tevê norte-americana."

A fórmula "melhor tevê" é de Gabriele Romagnoli: "A 'melhor TV' é representada pelas intermináveis séries norte-americanas. Mais do que o cinema, às vezes, até mais do que a literatura contemporânea, elas sabem contar a realidade, colhem suas novidades, entretêm e, ao mesmo tempo, abordam temáticas elevadas que nenhum talk show repleto de peritos discutiria por medo da audiência." Essa citação foi extraída de um artigo publicado em *La Repubblica*, de 9 de julho de 2004, e foi citada no livro de Aldo Grasso *Cattiva Maestra* (Professora ruim). O livro de Grasso é o melhor antídoto contra a paranoia antitevê que atinge principalmente os filósofos.

Em *Apocalípticos e integrados*, Eco fala de "atração doentia pelo *mysterium televisionis*" referindo-se a um ensaio de Günther Anders sobre a tevê, cujo título é *Il mondo come fantasma e come matrice?* (O mundo como fantasma e como matriz?). Essa atração doentia transparece nas linhas do ensaio de J.-J. Wunenburger, *O homem na era da televisão*, no qual o autor situa na televisão "uma das mais traiçoeiras ilusões da civilização contemporânea" e "um paradigma pornográfico que, com a desculpa de tornar o mundo familiar, o torna, na realidade, obscuro". O fato que mais causa espanto é que opiniões similares provenham de um filósofo que trabalha justamente com imagens e imaginação. Sobre esses temas, recomendo o clássico de Edgar Morin, *Lo spirito del tempo* (O espírito do tempo). É um livro de 1962, mas posso garantir que ele ainda é muitíssimo atual.

No que diz respeito, em contrapartida, ao filósofo apocalíptico que se pergunta "assistir ou não assistir a *Lost*", refiro-me a um artigo de Nicla Vassallo publicado em "Domenica", suplemento cultural de *Il Sole 24 Ore* (29 de junho de 2008), com o título "Sopravvivere al pop pensiero" (Sobreviver ao pensamento pop). É um texto que aconselho você a ler com muita atenção. Trata-se de uma compilação dos piores estereótipos da crítica apocalíptica. O artigo termina com um ataque ativo e de tons abertamente reacionários contra o leitor pop, simplório e pouco detalhista, ao qual se contrapõe a (presumida) lucidez da autora: "Mas o leitor pop já se encontra sob o guarda-sol de uma praia apinhada, está lendo um livro pop e não precisa concentrar-se [...] Eu, pelo contrário, longe da agitação do verão, por *divertissement* escuto Marin Marais – com quem a filosofia pop provavelmente jamais vai lidar – e sobre o *divertissement* discordo de Blaise Pascal." E isso, como demonstração do fato de que Eco tinha razão ao dizer, em *Apocalípticos e integrados*, que todo ato de intolerância para com a cultura de massa deixa transparecer uma raiz aristocrática e "um desprezo que só aparentemente está voltado para a cultura de massa, mas, na verdade, está dirigido contra as massas". O artigo é acompanhado de uma imagem da personagem de Locke, extraída do videogame *Lost*.

Para as importantes considerações de Foster Wallace sobre a televisão, consulte seu belíssimo "E Unibus Pluram: gli scrittori americani e la televisione" (*E Unibus Pluram*: os escritores americanos e a televisão), publicado em *Tennis, TV, trigonometria, tornado e altre cose divertenti che non farò mais più* (Tênis, tevê, trigonometria, tornado e outras coisas divertidas que eu nunca mais vou fazer).

As considerações de Gramsci sobre filosofia científica e filosofia popular, e sobre a necessidade de um contato entre intelectuais e os "simples", podem ser encontradas em *Cadernos do cárcere, Caderno 11* (e, agora, também na antologia *Nel mondo grande e terribile* [No mundo grande e terrível]). Ali, Gramsci escreve: "Um movimento filosófico somente o é na medida em que se aplica a desenvolver uma cultura para estreitos grupos intelectuais ou, ao contrário, somente o é na medida em que, no trabalho de elaboração de um pensamento superior ao senso comum e cientificamente coerente, jamais se esquece de permanecer em contato com os simples e é nesse contato que encontra a fonte dos problemas a serem estudados e resolvidos? É somente por causa desse contato que uma filosofia se torna 'histórica', depura-se dos elementos intelectuais de natureza individual e se torna 'vida'."

Em *The Claim of Reason* (A reivindicação da razão), Stanley Cavell escreve, a propósito da filosofia: "Tendo sido definitivamente derrubada de seu papel de rainha das ciências, ela volta a emergir, sob novas roupagens, mais democráticas, de gênero literário, de escrita entre as escritas." Tomo essa citação emprestada do livro de Sergio Givone *Il bibliotecario di Leibniz* (O bibliotecário de Leibniz). Além da descoberta de Cavell, devo a Sergio Givone também a citação de Pascal com que ele encerra o livro, extraída do fragmento 467.

### *Prefácio. A obra de arte televisiva*

As palavras de Samuel Goldwyn, juntamente com outras sugestões sobre cinema e novas mídias, foram extraídas do belo livro de Gabriele Pedullà *In piena luce. I nuovi spettatori e il sistema delle arti* (Em plena luz. Os novos espectadores e o sistema das artes).

As citações de Orson Welles provêm de Orson Welles, *It's all true. Interviste sull'arte del cinema* (*It's all true.* Entrevistas sobre a arte do cinema). Para a contribuição de Welles à série *Magnum PI*, veja *Este é Orson Welles*. Exatamente como *Lost*, *Magnum PI* é ambientado na ilha de Oahu. A partir dessa coincidência de locações, foi realizado um vídeo, disponível no YouTube, no qual estão montados fragmentos de *Lost* e de *Magnum PI*.

No que diz respeito aos múltiplos materiais que convergiram em *Lost*, vale a pena citar um trecho do livro de Mark Cotta Vaz, dedicado à primeira temporada da série. Referindo-se a J. J. Abrams, que, juntamente com Lindelof, é o criador da série, o autor escreve: "Em *Lost*, ele despejou seu amor pelos filmes B, os desenhos animados de ação, os super-heróis, o gênero policial, o terror, a ficção científica, os filmes catastróficos dos anos 1960...

tudo o que possui um lugar de honra no panteão da cultura pop. O que Abrams tencionava fazer era pegar o material dos filmes e da literatura de tipo B e promovê-lo para o tipo A, por meio de cenários, elenco e um esforço de produção de nível elevadíssimo" (M. Cotta Vaz, *Lost. La guida* [Lost. O guia]). Para uma análise sintética das referências pop que convergiram em *Lost*, veja o primeiro capítulo de L. Porter, D. Lavery, H. Robson, *Lost's Buried Treasures* (Os tesouros enterrados de Lost).

Sobre *Lost* como esforço comunitário de escrita, veja a entrevista a Carlton Cuse em C. Dellonte, G. Glaviano, *Lost e i suoi segreti* (Lost e seus segredos). A propósito do trabalho coletivo de escrita, Lidelof afirmou: "*Lost* é como um trecho de jazz. Eu sou bom tocando saxofone, J. J. é bom no piano, Matthew Fox é bom de bateria e, quando tocamos juntos, cada um de nós presta atenção na música dos outros" (M. Cotta Vaz, *Lost. La guida*).

As considerações de Aldo Grasso sobre *Lost* foram extraídas de *Buona Maestra* (Boa professora).

A imagem de *Lost* como uma escavação arqueológica é de Lindelof. Durante uma entrevista, ele declarou: "Decidimos que a série deveria ser como uma escavação arqueológica: cada temporada se aprofundaria mais, revelando informações a cada nova camada" (C. Dellonte, G. Glaviano, *Lost e i suoi segreti*).

Para as entrevistas a J. J. Abrams, Damon Lindelof e Carlton Cuse, remeto sempre, aqui como em outras partes, a C. Dellonte, G. Glaviano, *Lost e i suoi segreti*.

A fórmula de Lacan sobre a verdade abre o texto intitulado *Televisão* e diz: "Eu digo sempre a verdade: não toda, porque não se chega a dizê-la toda."

Heidegger fala do enigma em *Colloqui su un sentiero di campagna*.

Sobre a polêmica entre Eco e Derrida, veja U. Eco, *Os limites da interpretação*.

Para a comparação entre o Coringa e Derrida, veja A. De Nicola, *Platone, Nietzsche, Popper e il mito del Pipistrello* (Platão, Nietzsche, Popper e o mito do morcego) (pode ser consultado em: www.ilsole24ore.com/art/Sole-OnLine4/Tempo%20libero%20e%20Cultura/2008/07/Platone-Nietzsche-Popper-mito-Pipistrello.shtml).

## 1. *Todos os homens são filósofos*

A pergunta shakespeariana é extraída de *Romeu e Julieta*. Sobre os filmes de Rossellini dedicados a filósofos, veja R. Rossellini, *La mia tv. Socrate, Pascal, Agostinho d'Ippona*. (A minha tevê. Sócrates, Pascal, Agostinho de Hipona).

Durante suas *Conversações* com Claire Parnet, Deleuze se expressa duramente em relação à história da filosofia: "A história da filosofia sempre foi agente do poder na filosofia e também no pensamento. Ela desempenhou papel repressivo: como vocês podem acreditar estar pensando sem ter lido Platão, Descartes, Kant e Heidegger, tampouco o livro deste ou de outro autor sobre eles?" As considerações de

Gramsci sobre a filosofia são encontradas nos *Cadernos do cárcere* (*Caderno 11*). Agora, também na antologia organizada por G. Vacca, *Antonio Gramsci. Nel mondo grande e terribile* (Antonio Gramsci. No mundo grande e terrível).

## 2. O que é uma ilha?

O seminário de Derrida sobre *Robinson Crusoé* e Heidegger ainda é inédito. Todas as citações que se referem ao seminário são transcrições de uma gravação.

O ensaio de Emerson ao qual me refiro é "Experience" (Experiência).

O ensaio de Deleuze "Causas e razões da ilha deserta" está contido na coletânea de Gilles Deleuze, *A ilha deserta e outros textos*. As citações de Deleuze que aparecem neste capítulo, salvo indicações em sentido contrário, provêm desse ensaio. Na introdução ao livro de Deleuze, Pier Aldo Rovatti, depois de se ter perguntado "como podemos tentar – eis o consolo – redescobrir o deserto da ilha, isto é, seu segredo e também o nosso?", se refere a "um seriado televisivo de sucesso, intitulado *Lost*, que contava sobre algumas dezenas de sobreviventes de um acidente aéreo que se encontravam numa ilha deserta sem ter nenhum contato com o mundo, e a ilha começa a revelar seus segredos...".

Craig Wright me disse ter lido Derrida e Nietzsche durante uma conferência em Gênova, no dia 27 de janeiro de 2009.

O livro de Didier Anzieu chama-se simplesmente *Beckett.*

A ideia do livro de filosofia como livro de ficção científica é expressa por Deleuze no prefácio de *Diferença e repetição*: "Um livro de filosofia deve ser, por um lado, uma espécie muito particular de romance policial e, por outro, um tipo de ficção científica."

As considerações de Nancy são extraídas de *La nascita dei seni* (O nascimento dos seios). Trata-se de um trecho interessante em que a ilha é relacionada, por Nancy, com o seio (que, por sua vez, está relacionado com o ser, já que o francês *sein*, "seio", é homógrafo do alemão *Sein*, "Ser"). Poucas linhas após o trecho citado, Nancy evoca estas palavras de Lacan, extraídas de *Seminário, livro 8:* "A extremidade do seio está, também, numa posição de isolamento sobre um fundo e está, portanto, numa posição de exclusão no que diz respeito àquela relação profunda com a mãe que é a da alimentação. [...] Pensem naquelas ilhas cujos mapas vocês veem nas cartas marítimas – o que há na ilha não está representado de maneira alguma, mas somente seu contorno. Pois bem, o mesmo vale para os objetos do desejo em toda sua generalidade."

## 3. *O deserto e o sagrado*

As citações de Deleuze são extraídas do já citado "Causas e razões da ilha deserta", contido em *A ilha deserta e outros textos*.

## 4. *Sobreviver*

No que diz respeito às observações de Alessandro Zaccuri, veja seu precioso livro *In terra sconsacrata. Perché l'immaginario è ancora cristiano* (Em terra dessacralizada. Por que o imaginário ainda é cristão).

As informações sobre o afresco do Palácio Ducal de Mântova são extraídas do livro de Pierre Vidal-Naquet *Atlântida – pequena história de um mito*.

A fórmula de Lacan é: "Sem estar ainda morta, já está apagada do mundo dos vivos", e está contido no ensaio "Antígona no entre-duas-mortes" em *Seminário, livro 7*.

O site da Hanso Foundation pode ser consultado no seguinte endereço: www.thehansofoundation.org.

A frase de Derrida é extraída de sua última entrevista concedida antes de morrer e intitulada *Apprendre à vivre, enfin* (Aprender a viver, por fim). Derrida dedicou um ensaio ao tema da sobrevivência, que depois foi reunido em *Paraggi*, intitulado "Sopra-vivere" (Sobre-viver).

## 5. *Luto e gravidez*

O fragmento de Heráclito citado é o 22B 20 da edição Diels-Kranz (*Os pré-socráticos*).
A citação de Rousseau é extraída de *O contrato social*.
O ensaio de Derrida de onde tirei citações e sugestões acerca da relação entre luto e gravidez é *Béliers*, texto de uma conferência proferida em Heidelberg no dia 5 de fevereiro de 2005 em memória de Hans Georg Gadamer. Considerações análogas foram feitas por Derrida durante o seminário dedicado à leitura de Heidegger e *Robinson Crusoé*, em particular na sessão de encerramento, em 26 de março de 2003.
O verso de Celan que foi citado conclui a poesia "Grossse, Glühende Wölbung", que é parte da coletânea *Atemwende*. Segue o texto completo: Grosse, Glühende Wölbung / mit dem sich / hinaus- und hinweg- / wühlenden Schwarzgestirn-Schwarm: / der verkieselten Stirn eines Widders / brenn ich dies Bild ein, zwischen / die Hörner, darin, / im Gesang der Windurngen, das / Mark der geronnenen / Herzmeere schwillt. / Wo- / gegen / rennt er nicht an? / Die Welt ist fort, ich muβ dich tragen.*

---

* Grande, incandescente abóbada / com o tropel de astros negros que se agita / para fora e para cima: / na fronte empedrada de um carneiro / eu marco esta imagem a fogo, entre / os chifres, nos quais, / no canto das espirais, incha / a medula dos mares do coração / derramados. / Contra / que / ela não se choca? / O mundo se foi, eu devo carregar-te. (*N. da T.*)

## 6. A ilusão do mundo exterior

A entrevista a Stephen King pode ser consultada em: http://darkufo.blogspot.com/2006/11/entertainment-weekly-dec-06-issue.html.

O ensaio de Moore "Prova de um mundo exterior" encontra-se em *Escritos filosóficos*. O trecho de Schopenhauer é extraído do segundo livro de *O mundo como vontade e representação* (graças a Cristina Palomba, que me assinalou o trecho), enquanto, no que diz respeito a Kant, refiro-me à *Crítica da razão pura*.

Foucault reconstrói a operação de aprisionamento da loucura realizada, segundo ele, por Descartes no capítulo 2 da primeira parte de *História da loucura na idade clássica*. A tese foi contestada por Derrida em "Cogito e história da loucura", em *A escritura e a diferença*.* Derrida afirma: "O ato do Cogito é válido mesmo que eu seja louco, mesmo se o meu pensamento for absolutamente e totalmente louco. Há um valor e um sentido do Cogito como existência que escapa da alternativa de uma loucura e de uma razão determinadas."

Para os trechos de Descartes, veja *Meditações metafísicas*.

A citação de Cavell é extraída de *La riscoperta dell'ordinario* (A redescoberta do ordinário).

---

* As edições brasileiras de *L'écriture et la différence*, de Derrida, não contêm o texto citado aqui. (*N. do E.*)

## 7. Pontos de vista sobre o mundo perdido

As citações de Derrida são extraídas do livro-entrevista com Bernard Stiegler *Ecografie della televisione* (Ressonâncias da televisão), um dos poucos livros no qual um filósofo se confronta, sem exorcismos, com a televisão.

Nietzsche fala da "enigmática x a coisa em si" no ensaio "Sobre verdade e mentira no sentido extramoral", na coletânea *A filosofia na era trágica dos gregos*.

As citações de Goodman são extraídas de *Vedere e costruire il mondo* (Ver e construir o mundo). Sobre a questão do mundo perdido, veja também o ensaio de Richard Rorty: "O mundo finalmente perdido", na coletânea *Consequências do pragmatismo*.

## 8. Tudo é relativo

O livro *Per la verità* (Pela verdade) é de Diego Marconi.

As citações de Derrida são extraídas de *Il fattore della verità* (O fator da verdade).

## 9. O enigma da verdade

As considerações de Foucault foram extraídas de *Il discorso, la storia, la verità* (O discurso, a história, a verdade).

Foi Deleuze, em *Proust e os signos*, quem interpretou *À procura do tempo perdido* como uma procura pela verdade.

A citação de Lacan foi extraída do ensaio "A coisa freudiana", contido no primeiro volume dos "Escritos".

As citações de Heidegger foram extraídas de "O fim da filosofia e a tarefa do pensamento", ensaio contido na coletânea *Tempo e ser*.

### 10. A sociedade invisível

Para as citações de Innerarity, veja *La società invisibile* (A sociedade invisível).

### 11. A tortura da verdade

O trecho citado de Derrida foi extraído de *Cartão-postal*.

No que diz respeito à fórmula "a única verdade é aprender a libertar-se da paixão insana pela verdade", veja *O nome da rosa*, de Umberto Eco.

A citação de Nietzsche provém da *Gaia ciência*.

## 12. A verdade da tortura

O trecho citado de Salmon foi extraído de *Storytelling* (Contar histórias).

As considerações de Wu Ming 2 foram extraídas do ensaio "La salvezza di Euridice" (A salvação de Eurídice), contido em *New Italian Epic*.

Para a citação de Slavoj Zizek, veja *In Defense of Lost Causes* (Em defesa de causas perdidas).

## 13. Real life

Sobre a ideia de *transmidialidade*, veja o ensaio de Henry Jenkins *Cultura da convergência*. Em sua interessante introdução ao tema, os Wu Ming enfatizam que, na Itália, tem-se a tendência demasiadamente frequente de reduzir a ideia de cultura transmidial a uma estratégia de marketing das multinacionais, descuidando assim de suas potencialidades. "Em nosso país, fala-se muito mais de convergência do que de cultura transmidial. E quando se faz isso, a atenção recai sobre a estratégia das multinacionais do entretenimento, interessadas em 'deslocar' seus conteúdos, como se fossem balas, de um distribuidor a outro. Ninguém raciocina sobre o fato de que o mesmo interesse é frequentemente compartilhado, subvertido e praticado de maneira 'ilegal' inclusive pelos consumidores, que deslocam histórias, sons e imagens de um território a outro. Ninguém aceita a ideia de que este vaivém corresponda também a um modelo estético, um novo modo de contar, de informar, de sabotar, de divertir."

O ensaio de Claudio Colletta pode ser lido em www.carmillaonline.com.

Sobre o tema do *mockumentary*, veja o interessante volume de C. Hight e J. Roscoe *Faking it – Mockumentary and the Subversion of Factuality* (Mockumentary e a subversão dos fatos).

As afirmações de Derrida sobre a contaminação entre *real life* e ficção encontram-se em *Limited Inc.*

A citação sobre a realidade de nossa sociedade foi extraída do livro de Elena Esposito *Probabilità improbabile* (Probabilidade improvável).

## 14. Superstites

A questão levantada por Derrida encontra-se em *Dimore. Maurice Blanchot* (Morada. Maurice Blanchot).

As citações de Melville foram extraídas do último capítulo de *Moby Dick*.

Para Aristóteles, veja *Física*.

As citações de Benveniste foram extraídas de *Vocabulário das instituições indo-europeias*, segundo volume, no verbete "Religião e superstição".

O livro citado de Coetzee é o romance *Foe* (Inimigo).

## 15. *O sentimento oceânico*

Para o trecho citado de Freud, veja *Mal-estar na civilização*.
No que diz respeito a Nietzsche, veja *Crepúsculo dos ídolos*.
As citações de Foucault foram extraídas de *Il sogno* (O sonho).
No que diz respeito a Platão, veja o diálogo *Timeu*.
A citação de Derrida provém de *Il sogno di Benjamin* (O sonho de Benjamin).
O texto citado de Heidegger é *Que é isto – A filosofia?*

## 16. *Comunidade*

Extraí as citações de Nancy de *La comunità inoperosa* (A comunidade inoperante).
Para as citações de Blanchot, veja *La comunità inconfessabile* (A comunidade inconfessável).

## 17. *A constante*

A citação de Derrida foi extraída de *Politiche dell'amicizia* (Políticas da amizade).

# EPISÓDIOS DE *LOST*

Primeira temporada

| Nº | Título original | Título em português (tradução livre) | Data da primeira exibição nos EUA | Data da primeira exibição no Brasil |
|---|---|---|---|---|
| 1 | Pilot – Part I and II | Piloto – Parte 1 e 2 | 22 de setembro de 2004 | 07 de março de 2005 |
| 2 | *Tabula Rasa* | *Tabula Rasa* (teoria do filósofo iluminista John Locke) | 06 de outubro de 2004 | 14 de março de 2005 |
| 3 | Walkabout | Walkabout (viagem espiritual realizada na Austrália) | 13 de outubro de 2004 | 21 de março de 2005 |
| 4 | The White Rabbit | O coelho branco | 20 de outubro de 2004 | 28 de março de 2005 |
| 5 | House of the Rising Sun | Casa do sol nascente | 27 de outubro de 2004 | 04 de abril de 2005 |
| 6 | The Moth | A mariposa | 03 de novembro de 2004 | 11 de abril de 2005 |
| 7 | Confidence Man | Golpista | 10 de novembro de 2004 | 18 de abril de 2005 |
| 8 | Solitary | Solitário | 17 de novembro de 2004 | 25 de abril de 2005 |
| 9 | Raised by Another | Criado por outro | 1º de dezembro de 2004 | 02 de maio de 2005 |
| 10 | All the Best Cowboys Have Daddy Issues | Todos os melhores cowboys têm problemas com o pai | 08 de dezembro de 2004 | 09 de maio de 2005 |
| 11 | Whatever the Case May Be | Qualquer que seja o caso | 05 de janeiro de 2005 | 16 de maio de 2005 |
| 12 | Hearts and Minds | Corações e mentes | 12 de janeiro de 2005 | 23 de maio de 2005 |
| 14 | Homecoming | De volta ao lar | 09 de fevereiro de 2005 | 06 de junho de 2005 |
| 15 | Outlaws | Criminosos | 16 de fevereiro de 2005 | 13 de junho de 2005 |

| 16 | ...In translation | ...Em tradução | 23 de fevereiro de 2005 | 20 de junho de 2005 |
| 17 | Numbers | Números | 02 de março de 2005 | 27 de junho de 2005 |
| 18 | Deus Ex-machina | Salvação inesperada (tradução da expressão em latim) | 30 de março de 2005 | 04 de julho de 2005 |
| 19 | Do No Harm | Não faça mal | 06 de abril de 2005 | 11 de julho de 2008 |
| 20 | The Greater Good | O bem maior | 04 de maio de 2005 | 25 de julho de 2005 |
| 21 | Born to Run | Nascida para fugir | 11 de maio de 2005 | 1º de agosto de 2005 |
| 22 | Exodus – Part I | Êxodo – Parte 1 | 18 de maio de 2005 | 08 de agosto de 2005 |
| 23 | Exodus – Part II | Êxodo – Parte 2 | 25 de maio de 2005 | 15 de agosto de 2005 |

## Segunda temporada

| Nº | Título original | Título em português (tradução livre) | Data da primeira exibição nos EUA | Data da primeira exibição no Brasil |
|---|---|---|---|---|
| 1 | Man of Science, Man of Faith | Homem da ciência, homem de fé | 21 de setembro de 2005 | 06 de março de 2006 |
| 2 | Adrift | À deriva | 28 de setembro de 2005 | 13 de março de 2006 |
| 3 | Orientation | Orientação | 05 de outubro de 2005 | 20 de março de 2006 |
| 4 | Everybody Hates Hugo | Todos odeiam Hugo | 12 de outubro de 2005 | 27 de março de 2006 |
| 5 | ...And Found | ...E encontrado | 18 de outubro de 2005 | 03 de abril de 2006 |
| 6 | Abandoned | Abandonada | 09 de novembro de 2005 | 10 de abril de 2006 |

| 7 | The Other 48 Days | Os outros 48 dias | 16 de novembro de 2005 | 17 de abril de 2006 |
|---|---|---|---|---|
| 8 | Collision | Colisão | 23 de novembro de 2005 | 24 de abril de 2006 |
| 9 | What Kate Did | O que Kate fez | 30 de novembro de 2005 | 1º de maio de 2006 |
| 10 | The 23rd Psalm | Salmo 23 | 11 de janeiro de 2006 | 15 de maio de 2006 |
| 11 | The Hunting Party | O grupo de busca | 18 de janeiro de 2006 | 22 de maio de 2006 |
| 12 | Fire + Water | Fogo + água | 25 de janeiro de 2006 | 29 de maio de 2006 |
| 13 | The Long Con | O golpe de mestre | 08 de fevereiro de 2006 | 05 de junho de 2006 |
| 14 | One of Them | Um deles | 15 de fevereiro de 2006 | 12 de junho de 2006 |
| 15 | Maternity Leave | Licença maternidade | 1º de março de 2006 | 19 de junho de 2009 |
| 16 | The Whole Truth | Toda a verdade | 22 de março de 2006 | 26 de junho de 2006 |
| 17 | Lockdown | Lockdown (procedimento de segurança da Estação Cisne) | 29 de março de 2006 | 03 de julho de 2006 |
| 18 | Dave | Dave | 05 de abril de 2006 | 10 de julho de 2006 |
| 19 | S.O.S. | S.O.S. | 12 de abril de 2006 | 17 de julho de 2006 |
| 20 | Two for the Road | Duas para a estrada | 03 de maio de 2006 | 31 de julho de 2006 |
| 21 | ? | ? | 10 de maio de 2006 | 07 de agosto de 2006 |
| 22 | Three Minutes | Três minutos | 17 de maio de 2006 | 14 de agosto de 2006 |
| 23 | Live Together, Die Alone | Viver juntos, morrer sozinhos | 24 de maio de 2006 | 21 de agosto de 2006 |

Terceira temporada

| Nº | Título original | Título em português (tradução livre) | Data da primeira exibição nos EUA | Data da primeira exibição no Brasil |
|---|---|---|---|---|
| 1 | A Tale of Two Cities | Um conto de duas cidades | 04 de outubro de 2006 | 05 de março de 2007 |
| 2 | The Glass Ballerina | A bailarina de cristal | 11 de outubro de 2006 | 12 de março de 2007 |
| 3 | Further Instructions | Instruções futuras | 18 de outubro de 2006 | 19 de março de 2007 |
| 4 | Every Man for Himself | Cada um por si | 25 de outubro de 2006 | 26 de março de 2007 |
| 5 | The Cost of Living | O preço de viver | 1º de novembro de 2006 | 02 de abril de 2007 |
| 6 | I Do | Eu aceito | 08 de novembro de 2006 | 09 de abril de 2007 |
| 7 | Not in Portland | Não em Portland | 07 de fevereiro de 2007 | 16 de abril de 2007 |
| 8 | Flashes Before Your Eyes | Visões diante de seus olhos | 14 de fevereiro de 2007 | 23 de abril de 2007 |
| 9 | Stranger In a Strange Land | Estranho em uma terra estranha | 21 de fevereiro de 2007 | 30 de abril de 2007 |
| 10 | Tricia Tanaka Is Dead | Tricia Tanaka está morta | 28 de fevereiro de 2007 | 07 de maio de 2007 |
| 11 | Enter 77 | Digite 77 | 07 de março de 2007 | 14 de maio de 2007 |
| 12 | Par Avion | Par avion (expressão dos correios franceses) | 14 de março de 2007 | 21 de maio de 2007 |
| 13 | The Man from Tallahassee | O homem de Tallahassee | 21 de março de 2007 | 28 de maio de 2007 |
| 14 | Exposé | Exposé (série fictícia em Lost) | 28 de março de 2007 | 04 de junho de 2007 |

| 15 | Left Behind | Deixada para trás | 07 de abril de 2007 | 11 de junho de 2007 |
| 16 | One of Us | Uma de nós | 11 de abril de 2007 | 18 de junho de 2007 |
| 17 | Catch-22 | Ardil 22 | 18 de abril de 2007 | 25 de junho de 2007 |
| 18 | D.O.C. (Date of Conception) | D.O.C. (Data de concepção) | 25 de abril de 2007 | 02 de julho de 2007 |
| 19 | The Brig | A cela | 02 de maio de 2007 | 09 de julho de 2007 |
| 20 | The Man Behind the Curtain | O homem por trás da cortina | 09 de maio de 2007 | 16 de julho de 2007 |
| 21 | Greatest Hits | Melhores momentos | 16 de maio de 2007 | 23 de julho de 2007 |
| 22 | Through the Looking Glass | Através do espelho | 23 de maio de 2007 | 06 de agosto de 2007 |

## Quarta temporada

| Nº | Título original | Título em português (tradução livre) | Data da primeira exibição nos EUA | Data da primeira exibição no Brasil |
| --- | --- | --- | --- | --- |
| 1 | The Beginning of the End | O começo do fim | 31 de janeiro de 2008 | 03 de março de 2008 |
| 2 | Confirmed Dead | Mortos confirmados | 07 de fevereiro de 2008 | 10 de março de 2008 |
| 3 | The Economist | O economista | 14 de fevereiro de 2008 | 17 de março de 2008 |
| 4 | Eggtown | Eggtown (sistema falho de trocas) | 21 de fevereiro de 2008 | 24 de março de 2008 |
| 5 | The Constant | A constante | 28 de fevereiro de 2008 | 31 de março de 2008 |
| 6 | The Other Woman | A outra mulher | '06 de março de 2008 | 07 de abril de 2008 |
| 7 | Ji Yeon | Ji Yeon | 13 de março de 2008 | 14 de abril de 2008 |

| 8 | Meet Kevin Johnson | Conheça Kevin Johnson | 20 de março de 2008 | 21 de abril de 2008 |
|---|---|---|---|---|
| 9 | The Shape of Things to Come | A forma das coisas que virão | 24 de abril de 2008 | 02 de junho de 2008 |
| 10 | Something Nice Back Home | Algo bom na volta para casa | 1º de maio de 2008 | 09 de junho de 2008 |
| 11 | Cabin Fever | Febre de confinamento | 08 de maio de 2008 | 16 de junho de 2008 |
| 12 | There Is No Place Like Home – Part I | Não há lugar como nosso lar – Parte 1 | 15 de maio de 2008 | 23 de junho de 2008 |
| 13 | There Is No Place Like Home – Part II | Não há lugar como nosso lar – Parte 2 | 29 de maio de 2008 | 30 de junho de 2008 |

## Quinta temporada

| Nº | Título original | Título em português (tradução livre) | Data da primeira exibição nos EUA | Data da primeira exibição no Brasil |
|---|---|---|---|---|
| 1 | Because You Left | Porque vocês se foram | 21 de janeiro de 2009 | 09 de março de 2009 |
| 2 | The Lie | A mentira | 21 de janeiro de 2009 | 09 de março de 2009 |
| 3 | Jughead | Jughead (bomba do Exército norte-americano nos anos 1950) | 28 de janeiro de 2009 | 16 de março de 2009 |
| 4 | The Little Prince | O pequeno príncipe | 04 de fevereiro de 2009 | 23 de março de 2009 |
| 5 | This Place Is Death | Este lugar é a morte | 11 de fevereiro de 2009 | 30 de março de 2009 |

| | | | |
|---|---|---|---|
| 6 | 316 | 316 (número do voo da Ajira Airlines) | 18 de fevereiro de 2009 | 06 de abril de 2009 |
| 7 | The Life and Death of Jeremy Bentham | A vida e a morte de Jeremy Bentham | 25 de fevereiro de 2009 | 13 de abril de 2009 |
| 8 | La Fleur | La Fleur | 04 de março de 2009 | 20 de abril de 2009 |
| 9 | Namaste | Namastê | 18 de março de 2009 | 27 de abril de 2009 |
| 10 | He's Our You | Ele é o nosso você | 25 de março de 2009 | 04 de maio de 2009 |
| 11 | Whatever Happened, Happened | O que aconteceu, aconteceu | 01 de abril de 2009 | 11 de maio de 2009 |
| 12 | Dead Is Dead | Morto é morto | 08 de abril de 2009 | 18 de maio de 2009 |
| 13 | Some Like It Hoth | Alguns preferem Hoth (Hoth é o nome de um planeta em *Star Wars*) | 15 de abril de 2009 | 25 de maio de 2009 |
| 14 | The Variable | A variável | 29 de abril de 2009 | 08 de junho de 2009 |
| 15 | Follow the Leader | Siga o líder | 06 de maio de 2009 | 15 de junho de 2009 |
| 16 | The Incident | O incidente | 13 de maio de 2009 | 29 de junho de 2009 |

# Sites consultados

## *Sites sobre Lost*

http://abc.go.com/primetime/lost
http://it.lostpedia.wikia.com
http://lost-ita-forum.forumcommunity.net
http://loststudies.com
http://telefilm-fan-forum.cmsite.tv
http://www.lost.com
http://www.lostdiscovery.com
http://www.lost-italia.net
http://www.officiallost.com
http://www.solo-lost.net/forum/
http://www.telefilm-central.org
http://www.thefuselage.com

## Sites ligados a Lost e a Lost Experience

http://persephone.thehansofoundation.org
http://www.driveshaftband.com
http://www.oceanic-air.com
http://www.oceanicflight815.com
http://www.hansoexposed.com
http://www.thehansofoundation.org
http://www.thelostexperience.com
http://www.valenzettifoundation.org

# BIBLIOGRAFIA

ANZIEU, D. *Beckett*, trad. it. Gênova: Marietti, 2001.
ARISTÓTELES. *Fisica*, trad. it. Milão: Rusconi, 1995.
BENVENISTE, É. *Vocabulário das instituições indo-europeias*, V. 2. Tradução de Denise Bottmann. Campinas: Unicamp, 1995.
BLANCHOT, M. *La comunità inconfessabile* (A comunidade inconfessável), trad. it. Milão: SE, 2002.
CAVELL, S. *La riscoperta dell'ordinario, la filosofia, lo scetticismo, il tragico* (A redescoberta do ordinário, a filosofia, o ceticismo, o trágico), trad. it. Roma: Carocci, 2001.
CELAN, P. *Poesie* (Poesias), trad. it. Milão: Mondadori, 1998.
COETZEE, J.M. *Foe* (Inimigo), trad. it. Turim: Einaudi, 2005.
COTTA VAZ, M. *Lost. La guida* (Lost. O guia), trad. it. Milão: Buena Vista, 2005.
DAL LAGO, A. & GIORDANO, S. *Fuori cornice. L'arte oltre l'arte* (Fora da moldura. A arte além da arte). Turim: Einaudi, 2008.
DELEUZE, G. *Diferença e repetição*. Rio de Janeiro: Graal, 1988.
\_\_\_\_. *A ilha deserta e outros escritos*. São Paulo: Iluminuras, 2006.
\_\_\_\_. *Conversações*. Rio de Janeiro: Ed. 34, 1992.
\_\_\_\_. *Proust e os signos*. Rio de Janeiro: Forense Universitária, 2003.
DELLONTE, C. & GLAVIANO, G. *Lost e i suoi segreti* (Lost e os seus segredos). Roma: Dino Audino, 2007.
DERRIDA, J. *Béliers. Le dialogue ininterrompu: entre deux infinis, le poème* (Carneiros. O diálogo ininterrupto: entre dois infinitos, o poema). Paris: Galilée, 2003.
\_\_\_\_. *Dimore. Maurice Blanchot* (Moradas. Maurice Blanchot), trad. it. Bari: Palomar, 2001.

____. *Il fattore della verità* (O fator da verdade), trad. it. Milão: Adelphi, 1978.

____. *Il sogno di Benjamin* (O sonho de Benjamin), trad. it. Milão: Bompiani, 2003.

____. *Cartão-postal – De Sócrates a Freud e além*. Rio de Janeiro: Civilização Brasileira, 2007.

____. *Limited inc.*, trad. it. Milão: Cortina, 1997.

____. *Politiche dell'amicizia* (Políticas da amizade), trad. it. Milão, Cortina, 1995.

DERRIDA, J. & STIEGLER, B. *Ecografie della televisione* (Ressonâncias da televisão), trad. it. Milão: Cortina, 1997.

DESCARTES, R. *Meditações metafísicas*. São Paulo: Martins Fontes, 2000.

DIELS, H. & KRANZ, W. *I presocratici* (Os pré-socráticos), trad. it. Milão: Bompiani, 2006.

DICK, P.K. *Valis*. São Paulo: Aleph, 2007.

____. *Radio free Abemuth* (Rádio livre Abemuth). Londres: Harper Trade UK, 1999.

ECO, U. *Apocalípticos e integrados*. São Paulo: Perspectiva, 2004.

____. *O nome da rosa*. Rio de Janeiro: Record, 2009.

____. *Os limites da interpretação*. São Paulo: Perspectiva, 2004.

EMERSON, R.W. *L'anima, la natura e la saggezza. Saggi, seconda serie* (A alma, a natureza e a sabedoria. Ensaios, segunda série), trad. it. Bari: Laterza, 1925.

ESPOSITO, E. *Probabilità improbabili. La realtà della finzione nella società moderna* (Probabilidade improvável. A realidade da ficção na sociedade moderna). Roma: Meltemi, 2008.

FOUCAULT, M. *Il sogno* (O sonho), trad. it. Milão: Cortina, 2003.

____. *História da loucura na idade clássica*. São Paulo: Perspectiva, 2004.

____. *Il discorso, la storia, la verità. Interventi 1969-1984* (O discurso, a história, a verdade. Intervenções 1969-1984). Turim: Einaudi, 2001.

FREUD, S. *O futuro de uma ilusão, O mal-estar na civilização e outros trabalhos*. Rio de Janeiro: Imago, 2006.
GIVONE, S. *Il bibliotecario di Leibniz. Filosofia e romanzo* (O bibliotecário de Leibniz. Filosofia e romance). Turim: Einaudi, 2005.
GOODMAN, N. *Vedere e costruire il mondo* (Ver e construir o mundo), trad. it. Roma-Bari: Laterza, 2008.
GRAMSCI, A. *Nel mondo grande e terribile. Antologia degli scritti 1914-1935* (No mundo grande e terrível. Antologia dos escritos 1914-1935), organizado por G. Vacca. Turim: Einaudi, 2007.
GRASSO, A. *Buona maestra. Perché i telefilm sono diventati più importanti del cinema e dei libri* (Boa professora. Porque os telefilmes se tornaram mais importantes que o cinema e os livros). Milão: Mondadori, 2007.
HEIDEGGER, M. *Que é isto – A filosofia? – Identidade e diferença*. Petrópolis: Vozes, 2006.
\_\_\_\_. "O fim da filosofia e a tarefa de pensar". *In: Ser e tempo*. Petrópolis: Vozes, 2006.
\_\_\_\_. *Colloqui su un sentiero di campagna (1944/45)* (Colóquios sobre um caminho do campo – 1944/45), trad. it. Gênova: Il Melangolo, 2007.
HIGHT, C. & ROSCOE, J. *Faking it. Mockumentary and the Subversion of Factuality* (Mockumentary e a subversão dos fatos). Manchester: Manchester University Press, 2001.
JENKINS, H. *Cultura da convergência*. São Paulo: Aleph, 2008.
INNERARITY, D. *La società invisibile* (A sociedade invisível), trad. it. Roma: Meltemi, 2007.
LACAN, J. *Televisão*. Rio de Janeiro: Jorge Zahar, 1993.
\_\_\_\_. *Seminário Livro 7 – A ética da psicanálise*. Rio de Janeiro: Jorge Zahar, 1994.
\_\_\_\_. *Escritos*. Rio de Janeiro: Jorge Zahar, 1994.
\_\_\_\_. *Seminário Livro 8 – A transferência*. Rio de Janeiro: Jorge Zahar, 1994.

MARCONI, D. *Per la verità. Relativismo e filosofia* (Pela verdade. Relativismo e filosofia). Turim: Einaudi, 2007.
MELVILLE, H. *Moby Dick*. São Paulo: CosacNaify, 2008.
MOORE, G. "Escritos filosóficos". *In: Russel/Moore*. Coleção Os pensadores. São Paulo: Abril Cultural, 1974.
MORIN, E. *Lo spirito del tempo* (O espírito do tempo), trad. it. Roma: Meltemi, 2002.
NANCY, J. *La comunità inoperosa* (A comunidade inoperante). Nápoles: Cronopio, 1992.
\_\_\_\_. *La nascita dei seni* (O nascimento dos seios), trad. it. Milão: Cortina, 2007.
NIETZSCHE, F. *A Gaia Ciência*. São Paulo: Martin Claret, 2003.
\_\_\_\_. *Crepúsculo dos ídolos ou Como se filosofa com o martelo*. São Paulo: Companhia das Letras, 2006.
\_\_\_\_. *A filosofia na era trágica dos gregos*. São Paulo: Hedra, 2008.
PASCAL, B. *Pensamentos*. São Paulo: Martin Claret, 2003.
PEDULLÀ, G. *In piena luce. I nuovi spettatori e il sistema delle arti* (Em plena luz. Os novos espectadores e o sistema das artes). Milão: Bompiani, 2008.
PLATÃO. "Crátilo". *In: Diálogos – Teetelo e Crátilo*. Belém: Ed. UFPA, 1978.
\_\_\_\_. "Timeu". *In: Diálogos – Timeu, Critias, o Segundo Alcibíades, Hipias Menor*. Belém: Ed. UFPA, 2001.
\_\_\_\_. "Crícia". *In: Diálogos – Timeu, Critias, o Segundo Alcibíades, Hipias Menor*. Belém: Ed. UFPA, 2001.
PORTER, L. *Tesouros enterrados de Lost – o Guia não-oficial para tudo o que os fãs de Lost precisam saber*. São Paulo: Novo Século, 2008.
ROSSELLINI, R. *Rossellini. La mia tv. Socrate, Pascal, Agostino d'Ippona* (Rossellini. A minha TV. Sócrates, Pascal, Agostinho de Hipona). Roma: Coines, 1972.
ROUSSEAU, J. *Do contrato social*. São Paulo: Martin Claret, 2000.
SALMON, C. *Storytelling. La fabbrica delle storie* (Storytelling. A fábrica das histórias), trad. it. Roma: Fazi, 2008.

SCHOPENHAUER, A. *O mundo como vontade e representação*. Rio de Janeiro: Contraponto, 2001.

VIDAL-NAQUET, P. *Atlântida – Pequena história de um mito platônico*. São Paulo: UNESP, 2008.

WALLACE, D.F. *Tennis, TV, trigonometria, tornado e altre cose divertenti che non farò mais più* (Tênis, TV, trigonometria, tornado e outras coisas divertidas que não vou fazer nunca mais), trad. it. Roma: Minimum Fax, 1999.

WELLES, O. *It's all true. Interviste sull'arte del cinema* (É tudo verdade. Entrevistas sobre a arte do cinema), trad. it. Roma: Minimum Fax, 2005.

WELLES, O. & BOGDANOVICH, P. *Este é Orson Welles*. Rio de Janeiro: Globo, 1995.

WU MING. New Italian Epic. *Letteratura, sguardo obliquo, ritorno al futuro* (Novo épico italiano. Literatura, olhar oblíquo, retorno ao futuro). Turim: Einaudi, 2009.

WUNENBURGER, J. *O homem na era da televisão*. São Paulo: Loyola, 2005.

ZACCURI, A. *In terra sconsacrata. Perché l'immaginario è ancora cristiano* (Em terra dessacralizada. Porque o imaginário ainda é cristão). Milão: Bompiani, 2008.

ZIZEK, S. *In Defense of Lost Causes* (Em defesa de causas perdidas). Londres – Nova York: Verso, 2008.

Este livro foi composto na tipologia Adobe Garamond Pro,
em corpo 13/16,9, e impresso em papel off-white 80g/m²
no Sistema Cameron da Divisão Gráfica da Distribuidora Record.